lonely planet

DAS HANDBUCH FÜR NACHHALTIGES REISEN

Praktische Tipps und Inspirationen
für den achtsamen Traveller

BRUCKMANN

© MATT MUNRO / LONELY PLANET

INHALT

DEN ERSTEN SCHRITT WAGEN

REISEPLANUNG

© JONATHAN GREGSON / LONELY PLANET

UNTERWEGS

© PHILIP LEE HARVEY / LONELY PLANET

INSPIRATION

NACH DER REISE

© PHILIP LEE HARVEY / LONELY PLANET

DEN ERSTEN SCHRITT WAGEN

PLEASE
LEAVE
NOTHING
BUT
YOUR

Es ist höchste Zeit, nachhaltig zu reisen

Reisen ist schon lange nicht mehr nur den oberen Zehntausend vorbehalten, und unsere Reisegepflogenheiten haben Folgen für den Planeten.

Die wachsende Sorge aufgrund der negativen Effekte des Tourismus hat das Bewusstsein für mehr Nachhaltigkeit beim Reisen geschärft. Die United Nations World Tourism Organization (UNWTO) definiert dies als »Tourismus, der seine gegenwärtigen und zukünftigen Auswirkungen auf Wirtschaft, Gesellschaft und das Ökosystem voll berücksichtigt und dabei auf die Bedürfnisse von Besuchern, der Branche, der Umwelt und der Gastgebergemeinschaften eingeht«. Die globale Reiseindustrie hat in den letzten Jahren enorme Fortschritte in Richtung Nachhaltigkeit gemacht. Tausende Tourismusunternehmen auf der ganzen Welt passen sich den wandelnden Auffassungen der Verbraucher an. Reisende von heute wünschen sich nicht nur einen tollen Aufenthalt, sie wollen es auch zunehmend den Destinationen recht machen.

Doch was bedeutet es eigentlich, nachhaltig zu reisen? Wenn man bedenkt, dass das Reisen an sich bereits für CO_2-Ausstoß sorgt, sollte man sich eingestehen, dass es vor allem darum geht, sein Verhalten zu optimieren, nicht zu perfektionieren. Gerade das soll im vorliegenden Buch deutlich werden, das Ihnen all die Werkzeuge an die Hand gibt, die man dafür benötigt.

Die Tipps und Ideen in diesem Handbuch für das nachhaltige Reisen beweisen, dass es überall möglich ist und mannigfache Formen annehmen kann, von der Auswahl einer Destination, die nachhaltige Praktiken fördert, bis zur Unterstützung lokaler Unternehmen. Doch am bedeutendsten ist wohl unsere Botschaft, dass es gar nicht so schwierig ist, überhaupt nachhaltig zu reisen.

Sie wissen nicht, wie Sie anfangen sollen? Werfen wir zunächst einen Blick auf die wichtigsten Fragen rund um nachhaltiges und verantwortungsbewusstes Reisen, bevor wir uns praktischen Ratschlägen für die Planung und Buchung zuwenden. Sie werden zudem erfahren, wie Sie die Auswirkungen unterwegs minimieren und andere Reisende mit ins Boot holen können.

Sind Sie bereit? Dann werfen Sie einen Blick auf unsere Urlaubstipps für Ihr nächstes umweltfreundliches Abenteuer, von den aufregendsten Roadtrips fürs Elektroauto bis zu detaillierten Reiseanleitungen mit Insidertipps, die das nachhaltige Reisepotenzial der Regionen optimal ausnutzen. Im gesamten Buch verteilt finden sich zudem Ökotricks versteckt, die das nachhaltige Reisen noch weiter vereinfachen, sowie Tipps von Reiseexperten zu gewissenhafter Reisefotografie oder zum Umschiffen moralischer Dilemmas, mit denen wir auf Reisen konfrontiert werden.

Wir hoffen, dass Sie dieses Buch motivieren wird, Ihre Reisegewohnheiten kritisch zu hinterfragen und Sie außerdem dazu inspiriert, Erlebnisse auszuwählen, die nicht nur für unvergessliche Eindrücke sorgen, sondern gleichzeitig dabei helfen, die wunderbaren regionalen Kulturen und die Natur Ihres Urlaubsziels zu schützen.

Eine Einführung

Zahlreiche Begriffe rund ums Thema Ökotourismus haben in unsere Sprache Eingang gefunden. Diese kurze Übersicht erläutert, was sie bedeuten und wie man sie verwendet.

© RANCHO MASTATAL

NACHHALTIGES REISEN

Die United Nations World Tourism Organization (UNWTO) definiert nachhaltiges Reisen als »Tourismus, der seine gegenwärtigen und zukünftigen Auswirkungen auf Wirtschaft, Gesellschaft und das Ökosystem voll berücksichtigt und dabei auf die Bedürfnisse von Besuchern, der Branche, der Umwelt und der Gastgebergemeinschaften eingeht«. Zusammengefasst steht der Begriff für einen Tourismus, der unvergessliche Erlebnisse ermöglicht und gleichzeitig einen positiven Einfluss auf Umwelt, Einheimische und die lokale Wirtschaft hat.

VERANTWORTUNGSBEWUSSTES REISEN

Eine Definition von 2002 besagt, dass es beim verantwortungsbewussten Reisen darum geht, »den Menschen bessere Lebensräume und bessere Reiseziele zu geben«. Im Kern teilen nachhaltiges und verantwortungsbewusstes Reisen dieselben Ziele. Der kleine, aber feine Unterschied besteht darin, dass verantwortungsbewusstes Reisen es dem individuellen Reisenden auferlegt, sich die Wirkung seiner Reise bewusst zu machen – das verknüpft es mit den allgemeinen Prinzipien des nachhaltigen Reisens. Der angesehene amerikanische Experte für nachhaltiges Reisen Dr. Harold Goodwin erklärt: »Nachhaltigkeit ist das Ziel. Ein Ziel, das nur erreicht wird, wenn die Menschen gemeinsam Verantwortung übernehmen.«

ÖKOTOURIMUS

Im Jahr 1990 wurde Ökotourismus definiert als »verantwortungsbewusstes Reisen in Naturräume, welches die Umwelt schont und das Wohlergehen der Einheimischen verbessert«. Im Lauf der Zeit wurde darunter jeder Tourismus verstanden, der Naturräume aufsucht, selbst ohne einen positiven Eindruck zu hinterlassen. Eine überarbeitete Definition besagt: »verantwortungsbewusstes Reisen in Naturräume, welches die Umwelt schont, das Wohlergehen der Einheimischen verbessert und zudem Lehre und Weiterbildung umfasst«, also im Grunde eine Unterkategorie des nachhaltigen Reisens mit Schwerpunkt auf der Natur.

ÖKOHOTEL

Ähnlich wie beim Ökotourismus wurde der Begriff »Ökohotel« mit der Zeit verwässert und für naturnah gelegene Unterkünfte genutzt, die nicht unbedingt zur Nachhaltigkeit beitragen. Ein echtes Ökohotel (oder Grünes Hotel) bezeichnet eine umweltfreundliche Unterbringung, die so gebaut ist, dass die Umwelt nur minimal beeinträchtigt wird.

GRÜNES REISEN

Grünes Reisen ist ein weitläufiger Begriff, der sich meist auf das umweltbewusste Reisen bezieht, jedoch auch auf andere Aspekte des nachhaltigen Reisens ausgedehnt werden kann. Er wird häufig als Ersatzbegriff für nachhaltiges oder verantwortungsbewusstes Reisen verwendet.

© SECRET BAY'S ZABUCO VILLA

ZERTIFIZIERUNGEN FÜR NACHHALTIGEN TOURISMUS

Sie ermöglichen es Tourismusunternehmen, den Konsumenten anzuzeigen, dass gewisse Mindestanforderungen erfüllt werden.

Das Konzept ist relativ neu. Die 2007 gegründete gemeinnützige Organisation, die heute unter dem Namen Global Sustainable Tourism Council (GSTC) bekannt ist, veröffentlichte 2013 verschiedene Kriterien für Destinationen – diese reichen von kontrollierten Besucherzahlen zu Strategien, die dem Klimawandel und dem Schutz von Kulturerbestätten Rechnung tragen. Dem folgte 2016 die Festlegung von Branchenkriterien (Hotel- und Touranbieter). Dies regte weitere Organisationen an, ihre eigenen Zertifikationskriterien für nachhaltigen Tourismus festzulegen. Viele davon haben seitdem eine Akkreditierung vom GSTC angestrengt, um ihre Glaubwürdigkeit als Zertifizierer zu erhöhen (einzusehen auf der Webseite des GSTC; www.gstcouncil.org). Zu den Bekannteren zählen EarthCheck, Green Globe und Green Key, doch es gibt etliche mehr.

Bedenken Sie, dass es einigen kleineren Tourismusunternehmen, insbesondere in Entwicklungsländern, finanziell nicht möglich ist, die Anforderungen der wichtigsten Zertifizierungsprogramme zu erfüllen.

Randy Durband, Geschäftsführer des GSTC, rät, dass Kunden nicht »Anbieter übersehen, die im Großen und Ganzen die ›richtigen‹ Schritte bei der Nachhaltigkeit unternehmen und transparent sind bezüglich ihrer Stärken und Schwächen«.

ZERTIFIZIERUNGEN FÜR NACHHALTIGE HOTELS

Unzählige Nachhaltigkeitszertifizierungen haben sich auf Design, Konstruktion und Nutzung von Gebäuden spezialisiert, um die Gesundheit der Bewohner zu maximieren, weniger Ressourcen zu nutzen sowie Abfälle und negative Umwelteinflüsse zu reduzieren. Am weitesten verbreitet ist das Zertifikat Leadership in Energy and Environmental Design (LEED), entwickelt vom US Green Building Council. Auf dieser Seite des Großen Teichs ist häufig die British BREEAM (Building Research Establishment Environmental Assessment Method) anzutreffen. Viele neue Hotelprojekte auf der ganzen Welt haben sich das Cradle-to-Cradle-Modell auf die Fahnen geschrieben, das bestrebt ist, die Konstruktion von Gebäuden nicht nur nachhaltig, sondern im Wesentlichen abfallfrei zu gestalten.

BEWUSSTES REISEN

Es gibt keine allumfassende Definition für bewusstes Reisen, doch das Grundkonzept ist, dass man seine Reise umweltbewusst, sozial gerecht und spirituell erfüllend unternimmt. Faktisch handelt es sich hierbei um eine Form des nachhaltigen Tourismus, die sich vor allem auf die Rolle des Reisenden fokussiert, der einen positiven Eindruck hinterlassen soll.

ETHISCHES REISEN

Ähnlich wie beim bewussten Reisen geht es beim ethischen oder rücksichtsvollen Reisen darum, bewusste Entscheidungen bezüglich des Reiseverhaltens zu fällen auf der Basis unseres Bewusstseins moralischer Werte und der Konsequenzen der von uns getroffenen Reiseentscheidungen. Der ethische Aspekt gehört zum Erlebnis, nicht zum Reisenden. Es ist zum Beispiel möglich, dass Sie moralisch dem Reiten von Elefanten nicht entgegenstehen, doch es wäre unethisch, in Thailand auf einem Elefanten zu reiten aufgrund der Probleme rund ums Tierwohl, die mit dieser Aktivität in Verbindung stehen.

SLOW TRAVEL

Dies ist eine Weiterentwicklung aus der Slow-Food-Bewegung, die ihre Geburtsstunde bei einem Protest gegen die Öffnung einer McDonald's-Filiale in Rom im Jahr 1986 hatte. Bei Slow Travel geht es darum, den Moment zu genießen. Die Idee dahinter ist, dass Reisende durch die Verlangsamung und die Nähe zur Natur und zu den Einheimischen die Destination tiefgreifender und authentischer erleben. Diese Art zu reisen ist meist, aber nicht immer, nutzbringend für die einheimische Bevölkerung und die Umwelt.

GEMEINDEORIENTIERTER TOURISMUS

Gemeindeorientierter Tourismus (CBT) ist Tourismus, der im Besitz oder in Verwaltung von Gemeinden ist mit der Absicht, den Nutzen an die breitere Gemeinschaft weiterzugeben. Dabei bieten Einheimische Unterkünfte an und ermöglichen den Gästen intensivere Erlebnisse sowie eine einzigartige Teilnahme an Kultur- und Naturerfahrungen. Als wichtigste Interessensgruppe hat die Gemeinde eine größere Kontrolle über diese Erfahrungen, was zu erhöhtem Nutzen führt.

FREIWILLIGENTOURISMUS

Freiwilligentourismus bezeichnet einen Arbeitsurlaub für soziale oder umwelttechnische Zwecke, wobei die Integration mit der örtlichen Kultur und Gemeinschaft und der Umweltschutz nicht zu kurz kommen. Ehrenamtliche Freiwillige sind ein integraler Bestandteil vieler Organisationen, die Wunderbares vollbringen, doch das trifft nicht auf alle zu. Werfen Sie einen Blick auf die Checkliste auf S. 11, bevor Sie sich für ein bestimmtes Projekt bewerben.

© SECRET BAY

Wie man Greenwashing durchschaut

Der Begriff »Greenwashing« stammt aus den 80er-Jahren und bezeichnet die irreführenden Umweltschutzaussagen großer Konzerne. Drei Jahrzehnte später sind die Methoden noch ausgefeilter – das gilt im Besonderen für die Reiseindustrie.

Haben Sie sich schon einmal nach der Buchung reingelegt gefühlt, weil das Reiseprodukt nicht so umweltfreundlich war, wie es zunächst den Anschein machte? Hat Ihr Hotel behauptet, man bemühe sich, Wasser zu sparen, doch die Bettwäsche wurde trotzdem täglich gewechselt?

Willkommen auf der Schattenseite des nachhaltigen Tourismus. Viele Unternehmen wenden windige Marketingtaktiken an, um die Tourismusprodukte oder Praktiken als nachhaltig (oder schlicht umweltfreundlich) zu bewerben, was aber nicht der Wahrheit entspricht.

Das kann gleich auf mehreren Ebenen Schaden anrichten, so Milena Nikolova, Expertin für Reiseverhalten und Director of Knowledge and AdventureEDU bei der Adventure Travel Trade Association.

»Dies ist schädlich für Reisende, die darauf vertrauen, dass ihre Investition in ein Tourismusunternehmen einen positiven Einfluss auf die Umwelt hat, und es ist schädlich für Gemeinschaften, weil sie miterleben, wie die Natur durch einen verantwortungslos geführten Fußabdruck leidet«, sagt Nikolova.

ACHTEN SIE AUF DIE WARN-ZEICHEN

GREEN-WASHING: WIR MÜSSEN HANDELN

»Je häufiger wir es zulassen, dass Greenwashing ohne Strafe passiert, desto akzeptabler und leichter ist es für andere, es ebenfalls zu versuchen, anstatt sich an die wahren Prinzipien der Nachhaltigkeit zu halten«, sagt Nikolova. Sie empfiehlt, Verdachtsfälle bei Tourismusbranchenvereinen und Tourismusverbänden zur Anzeige zu bringen. »Je mehr Druck wir ausüben, desto geringer ist die Wahrscheinlichkeit, dass dieser Vorgang zur akzeptablen sozialen Norm wird«, fügt sie hinzu.

Lassen Sie sich nicht in die Irre führen und halten Sie Ausschau nach diesen häufigen Greenwashing-Taktiken.

Vage Behauptungen:
Nur weil ein Touranbieter eine »Ökotour« anbietet oder sich eine Unterkunft als »Ökohotel« bezeichnet, muss dies nicht gleich bedeuten, dass nachhaltig agiert wird. Fragen Sie nach Einzelheiten. Firmen, denen die Prinzipien am Herzen liegen, werden Ihnen gern die Richtlinien näher erläutern.

Fehlender Beweis:
Das Unternehmen kann behaupten, dass es von einer nachhaltigen Reiseorganisation zertifiziert wurde, aufgrund seiner grünen Richtlinien Preise gewonnen hat oder von Lonely Planet empfohlen wurde. Vorsicht vor Firmen, die diese Aussagen nicht mit aktuellen Belegen nachweisen können.

Verräterische soziale Medien:
Durchstöbern Sie das Netz. Wenn dem entsprechenden Unternehmen Nachhaltigkeit am Herzen liegt, werden Sie hier keine Bilder von Touristen finden, die auf wilden Tieren reiten oder sie füttern, vollbeladene Büfetts usw.

Abwesende Einheimische:
Nachhaltige Tourismusunternehmen sollten positiv auf ihre lokale Gemeinschaft Einfluss nehmen. Meist geschieht dies durch die Beschäftigung lokaler Arbeiter (zu fairen Bedingungen), die Nutzung einheimischer Produkte und die Unterstützung gemeinschaftsorientierter Initiativen.

© BRAVO RESORT

I Alaska
PACIFIC OCEAN
II Hawaii

REISEPLANUNG

Die große Flugzeugdebatte

Die Flugreise ist für viele der größte Beitrag zum individuellen CO_2-Ausstoß. Aber was soll man als Weltenbummler denn sonst tun? Wer sich um die Auswirkungen von Flugreisen sorgt, kann damit beginnen, sich mit der Problematik näher auseinanderzusetzen und sich über die Möglichkeiten zu informieren.

© KANE C. ANDRADE/EYEEM / GETTY IMAGES

Flugreisen machen derzeit 2 % der weltweiten Emissionen aus. Da geschätzt wird, dass sich die jährlichen Passagierzahlen bis zum Jahr 2037 auf 8,2 Milliarden verdoppeln, glauben Klimaexperten, dass wir unsere Emissionen bis 2030 halbiert und bis 2050 auf null gebracht haben müssen. Nur so haben wir eine Chance, die weltweite Erwärmung auf dem Ziel von 1,5°C zu halten, wie es das Pariser Klimaabkommen von 2015 vorsieht. Es ist also an der Zeit, einen kritischen Blick auf das eigene Flugverhalten zu werfen.

Man muss sich nicht gänzlich vom Fliegen verabschieden. Die Bereitschaft, kürzer zu treten, kann neue Horizonte eröffnen. Bahnreisen, Elektrofahrzeuge, umweltfreundliche Kreuzfahrten, Fahrradtouren, Busse und sogar das Wandern können spannende Alternativen sein. Gleichzeitig erhält man die Möglichkeit, die Destination viel intensiver zu erfahren.

© KOOLYPHOTO / SHUTTERSTOCK

MÜSSEN WIR WIRKLICH AUFS FLIEGEN VERZICHTEN?

Bevor die Coronapandemie auf der ganzen Welt Flugzeuge am Boden hielt, verzeichnete die Nicht-Flug-Bewegung, eine globale Gemeinschaft von Reisenden, die wegen der CO_2-Belastung aufs Fliegen verzichtet, ein beachtliches Wachstum. Das Problem beschäftigt Umweltwissenschaftler schon seit Jahren, doch echte Aufmerksamkeit erhielt die Bewegung erst 2017, als der schwedische Sänger Staffan Lindberg die Bezeichnung *flygskam*, Flugscham, prägte und ankündigte, von nun an aufs Fliegen zu verzichten. Greta Thunberg, ebenfalls aus Schweden, setzte dieses Prinzip in die Tat um, als sie 2019 für den UN-Klimagipfel in New York auf einer Jacht über den Atlantik segelte, um im Anschluss für das COP25-Klimatreffen nach Madrid zu segeln.

Auch wenn die Bereitschaft, sich der Nicht-Flug-Bewegung anzuschließen, die wohl zweifellos beste und effizienteste Art ist, den persönlichen CO_2-Ausstoß zu senken; Kritiker argumentieren, dass Flugreisen für Otto Normalverbraucher die einzige reelle Möglichkeit sind, die Welt zu erkunden, dass *flygskam* eine Bewegung der Mittelklasse und unpraktisch für all jene ist, die weder die Zeit noch das Geld aufbringen können für Alternativen wie Bahnreisen. Zudem ist in großen, isolierten Ländern wie Australien der Verzicht auf Flugreisen schlichtweg nicht durchführbar. Was lernen wir also daraus? Wer fliegen muss oder möchte, sollte es in Maßen und mit Vernunft tun.

CLEVER FLIEGEN

Sie träumen vom nächsten Urlaub, grämen sich aber wegen der Auswirkungen des Fliegens? Mittels kleiner Veränderungen und dank umweltbewusster Entscheidungen lässt sich der CO_2-Fußabdruck reduzieren.

© PHILIP LEE HARVEY / LONELY PLANET

Reisen Sie leicht

Zusätzliches Gewicht im Flugzeug verbrennt Treibstoff schneller. Laut UN-Umweltprogramm vermindert die Reduzierung Ihres Gepäcks um 15 kg auf einem Viereinhalb-Stunden-Flug Ihre Emissionen um ca. 50 bis 100 kg. Ein Upgrade zur Businessclass klingt verführerisch? Bedenken Sie, dass die Economyclass die Umwelt weniger belastet, da mit der gleichen Menge Treibstoff mehr Personen befördert werden.

Direkt fliegen, länger bleiben

Da 25 % der Flugzeugemissionen bei Start und Landung ausgestoßen werden, ist das Fliegen ohne Zwischenstopp die beste Möglichkeit, die CO_2-Bilanz zu verbessern. Längere Aufenthalte sowie die Weiterreise über Land statt kurze Inlandsflüge sind ebenfalls umweltfreundlicher.

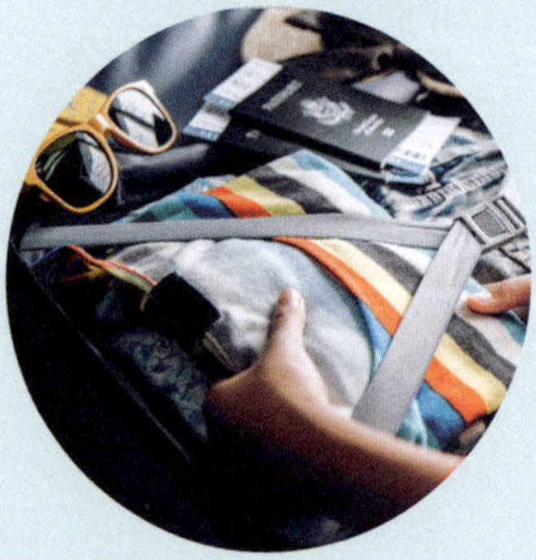

© ATIT PHETMUANGTONG/EYEEM / GETTY IMAGES

Welches Flugzeug?

Die gemeinnützige Organisation Atmosfair (www.atmosfair.de) hat einen Airline-Index erstellt, der die Fluglinien entsprechend ihrer Treibstoffeffizienz einstuft. Idealerweise findet man heraus, welches Flugzeug die Beförderung übernimmt (neuere Modelle sind üblicherweise treibstoffsparender). Die Flugsuchmaschine Skyscanner (www.skyscanner.com) kennzeichnet Flüge mit geringerem CO_2-Ausstoß.

Gleichen Sie die Emissionen aus

Auch wenn es weitaus effektiver ist, weniger oder gar nicht zu fliegen, ist der CO_2-Ausgleich die wohl beste Art, um die Auswirkungen des Fliegens zu tilgen. Alle wichtigen Fakten hierzu finden Sie auf S. 20.

DIE ELEKTRISCHE REVOLUTION

Elektro- oder sogar Hybrid-Elektro-Langstreckenflüge mögen noch Jahrzehnte in der Zukunft liegen, die elektrische Luftfahrttechnik macht jedoch weltweit bereits enorme Fortschritte.

In den USA arbeitet Zunum Aero an einem 12-Sitzer-Zubringerflugzeug mit Hybrid-Elektro-Motor, das Anfang der 2020er-Jahre in die Lüfte steigen soll. Ein 50-Sitzer soll bis zum Ende des Jahrzehnts folgen. Airbus plant einen Hybrid-19-Sitzer und verfolgt Pläne für ein Hybrid-Elektro-Flugzeug mit 100 Sitzplätzen auf Grundlagen einer von der NASA entwickelten Technologie.

In einem weltweit ersten Versuch ging im Dezember 2019 ein komplett elektrisches Wasserflugzeug in Vancouver auf Jungfernflug. Die kanadische Wasserfluglinie Harbour Air will die gesamte Flotte bis 2022 vollständig auf Elektroantrieb umstellen. Das israelische Start-Up Eviation peilt an, sein erstes 9-Sitzer-Zubringerflugzeug 2021 auf regionalen Strecken für den kommerziellen Service einzusetzen. In Partnerschaft mit Easyjet strebt das L.A. Start-Up Wright Electric an, bis 2027 einen 180-Sitzer mit Elektro-Antrieb auf Verbindungen von bis zu 480 km zum Einsatz zu bringen.

Uber Air plant für 2023 nach vielversprechenden Tests in Melbourne, Dallas und Los Angeles kommerzielle Operationen mit einem elektrischen Flugtaxi. Das deutsche Flug-Start-Up Lilium, das kommerzielle Flüge ab 2025 angehen will, beendete Ende 2019 die erste Testphase für einen elektronisch angetriebenen 5-Sitzer, den Lilium Jet.

GEHEN DEMNÄCHST VIELFLIEGER-STEUERN AN DEN START?

2019 hat Frankreich als erstes Land beschlossen, eine Ökosteuer in Höhe von mindestens € 1,50 für alle einheimischen Starts zu erheben. Diese soll in den öffentlichen Nahverkehr fließen.

Auch Großbritannien spielt mit dieser Idee. Aktivisten halten die französische Steuer für zu niedrig, um das Kundenverhalten zu ändern. Nur die Zeit wird die Entwicklung zeigen.

© BLOOMBERG / GETTY IMAGES

Die wichtigsten Fakten zur Klimakompensation

Viele Fluglinien bieten den Kunden an, ihren Anteil am CO_2-Ausstoß auszugleichen, doch laut der International Air Transport Association (IATA) macht nur 1 % der Passagiere dabei mit. Für viele stellt der Mangel an Informationen darüber, wie der Ausgleich funktioniert, die größte Barriere dar. Deshalb haben wir das einmal genauer betrachtet.

Wie wird der Klimaausgleich berechnet?

Die Berechnungen variieren je nach Fluggesellschaft. Normalerweise nimmt man den gesamten CO_2-Ausstoß des jeweiligen Fluges, basierend auf dem vorherigen Treibstoffverbrauch, und teilt diesen durch die Anzahl der Sitze.

Das Ergebnis wird mit den Kosten für den Ausgleich einer Tonne Kohlenstoffdioxid entsprechend dem angewandten CO_2-Emissionsprogramm multipliziert.

BUCHEN SIE GRÜNERE FLÜGE

Glooby: Laut Webseite die erste Plattform, wo Kunden CO_2-arme Flüge und umweltfreundliche Hotels buchen können. www.glooby.com

Flygrn: Vergleichen und buchen Sie Flüge. Im Anschluss sorgt Flygrn kostenlos für den Ausgleich durch Waldschutz- oder Solarenergieprogramme. www.flygrn.com

Skyscanner: Die Flugvergleichsseite zeigt an, welche Flugverbindungen eine »grüne« Wahl sind. www.skyscanner.com

Wohin geht das Geld?

Die Fluglinien leiten das Geld an CO_2-Emissionsprogramme weiter, idealerweise ohne dafür zusätzliche Gebühren zu erheben. Die meisten Projekte gehören Waldinitiativen wie Wiederaufforstung oder Waldschutz und Energieeffizienzinitiativen wie Programme für erneuerbare Energien an. Da beim Letzteren Gemeinschaften und die Umwelt profitieren, hat dies für gewöhnlich einen größeren Effekt.

Funktioniert das Programm überhaupt?

Da eine EU-Studie von 2017 festgestellt hat, dass 85 % der Kompensationsprojekte entweder ihren Einfluss überschätzt oder dabei versagt haben, ihre CO_2-Emissionen überhaupt zu reduzieren, lohnt es sich, genauer hinzuschauen, so Dr. Roger Tyers, Soziologe an der University of Southampton in Großbritannien, der seine Doktorarbeit zum Thema CO_2-Ausgleich verfasst hat.

»Jeder liebt die Idee, neue Bäume zu pflanzen, doch Bäume wachsen nicht schnell genug, um die Menge an CO_2 aufzunehmen, die derzeit in die Atmosphäre gepumpt wird«, sagt Tyers. Er fügt hinzu, dass weniger spannend klingende CO_2-Reduktionsprogramme effektiver sein können: »Projekte, die Methan von Müllhalden einfangen, haben sich als äußerst erfolgreich herausgestellt«.

AUSGLEICHS-STATISTIKEN

Zeit, die ein Baum benötigt, um eine Tonne Kohlenstoffdioxid zu binden: 40 Jahre

CO2-Bilanz einer Person auf einem Flug von London nach Los Angeles: 1,4 Tonnen

Wenn Ihre Fluggesellschaft keine Transparenz zeigt, könnten Sie laut Tyers eine Organisation wie Atmosfair (www.atmosfair.de), die erneuerbare Energieprojekte unterstützt, nutzen, um den Ausgleich herzustellen. »Das ist zwar ein wenig teurer, aber das liegt daran, dass die Berechnungen insgesamt ehrlicher sind«, sagt Tyers.

Achten Sie auf Zertifikate wie den Gold Standard (www.goldstandard.org) und die grundlegenden Normen der Projekte der Organisation.

Lohnen sich also CO2-Ausgleichsprogramme?

»Auch wenn der Ausgleich mit Vorsicht zu genießen ist, müssen wir dennoch jedes Angebot für den Klimaschutz nutzen«, sagt Tyers. Er ist der Ansicht, dass die Luftfahrtindustrie dabei die größte Verantwortung trägt: »Es existieren keine Steuern auf Treibstoff, daher besteht kein finanzieller Anreiz, umzustellen. Auf der Webseite von Boeing sehen Sie, dass man noch für die nächsten Jahrzehnte ausstoßintensive Jets verkaufen wird«.

Was ist die Alternative? Tyers glaubt, dass es wohl einen größeren Effekt hätte, wenn man eine humanitäre Organisation unterstützen würde.

»Den CO_2-Ausgleich sollte man als eine gemeinnützige Spende sehen. Organisationen wie das Internationale Rote Kreuz oder Ärzte ohne Grenzen arbeiten in Entwicklungsländern, wo die Menschen derzeit von fossilen Brennstoffen abhängig sind«, so Tyers.

REISEVERANSTALTER GEGEN CO_2

Eine wachsende Zahl von Reiseveranstaltern bietet Urlaubern an, die CO_2-Emissionen auszugleichen. Einige tun sogar mehr.

Das Abenteuerunternehmen World Expeditions (www.worldexpeditions.com) macht seine Reisen mithilfe von Ausgleichen CO_2-neutral. Intrepid Travel (www.intrepidtravel.com) ist seit 2010 CO_2-neutral und wurde 2020 klimapositiv, sorgt also dafür, dass zusätzliches CO_2 aus der Atmosphäre entfernt wird. Außerdem werden CO_2-reduzierende Projekte unterstützt, darunter ein Programm in Tasmanien, das mit Seegras CO_2 aus der Atmosphäre zieht.

Doch die umweltbewussten Reiseunternehmen stehen nicht alle geschlossen hinter dem CO_2-Ausgleich. Die Tourenplattform Responsible Travel (www.responsibletravel.com) führte 2002 zunächst ein Programm ein, schaffte es 2009 allerdings wieder ab. Gründer Justin Francis sagt dazu, dass die Kompensation »das Bedürfnis für dringend notwendige Innovation und Investition verzögert, da weiterhin emissionsintensive Treibstoffe verwendet werden«. Der britische Anbieter Much Better Adventures (www.muchbetteradventures.com) geht das Problem anders an. 2020 gründete er Tourism Declares a Climate Emergency (www.tourismdeclares.com), ein Kollektiv von 89 Reiseunternehmen, die den Notfall ausgerufen haben und gemeinsam daran arbeiten, Lösungen für die Klimakrise zu finden.

Wie man ein Reiseziel auswählt

Lange galt Reisen als harmlos, doch angesichts der 1,5 Milliarden Menschen, die jedes Jahr die Koffer packen, sind die Auswirkungen alles andere als mild. Hier hilft die Wahl eines nachhaltigeren Reiseziels. Reist man zu einem Ort, der, für sich betrachtet, nicht sonderlich nachhaltig ist, muss man sich überlegen, wann und wie man reist.

Welche Destination bereisen wir?
Egal ob es um Venedig oder die schmelzenden Eiskappen des Kilimandscharo geht, einige der schönsten und außergewöhnlichsten Orte der Welt sind von Klimawandel, Globalisierung und anderen Folgen menschlichen Verhaltens bedroht. Wenn man dort schnell noch hinfährt, bevor es zu spät ist, trägt man dann nicht gleichzeitig zu ihrem Untergang bei?

Auf der einen Seite erhöht der Tourismus der letzten Stunde das Bewusstsein für die Klimakrise und den Overtourism. Verfechter von Reisen zu gefährdeten Destinationen führen an, dass das unmittelbare Erlebnis die Menschen dazu inspiriert, Orte zu schützen. Doch Kritiker meinen, dass die Auswirkungen des Tourismus an besonders fragilen Orten (wie Machu Picchu in Peru, wo die uralten Steinpfade und Stufen von den Besuchern trotz eines neuen Ticketsystems, das die Schäden mindern soll, erodieren) größer sind als das gesteigerte Bewusstsein.

Wenn Sie dennoch dorthin reisen, sollten Sie sich bemühen, die Auswirkungen möglichst gering zu halten. Zusätzlich zu den Schutzgebühren, die bereits im Ticketpreis enthalten sind, könnten Sie Geld an Stiftungen zu spenden, die sich dem Erhalt und dem Wiederaufbau solcher Stätten widmen.

ÖKOTRICK

Die Nebensaison ist meist günstiger und der Druck auf die Destination reduziert sich. Die Hopper App bietet einen Kalender mit farblich angezeigten Preisklassen/Nachfrageanzeigen und Benachrichtigungen zu preiswerten Flügen knapp außerhalb der bevorzugten Reisedaten. So wird das Buchen in der Nebensaison zum Kinderspiel. www.hopper.com

© PATRICK ORTON / GETTY IMAGES

© ALEKSANDRA KOSSOWSKA / ALAMY STOCK PHOTO

WAS MACHT EINE DESTINATION NACHHALTIG?

2019 wurde auf der Internationalen Touristikmesse ITB Berlin die Pazifikinsel Palau als Anerkennung für ihre zukunftsorientierten und umweltfreundlichen Initiativen zur nachhaltigsten Tourismusdestination der Welt gekürt. Das südamerikanische Land Guyana wurde für einen einzigartigen Ökotourismus-Ansatz ausgezeichnet. Die maltesische Insel Gozo erhielt Lob für die Bemühungen zum Schutz der Kultur. Doch kann eine Destination jemals wirklich nachhaltig sein?

Der Status einer nachhaltigen Destination verlangt das andauernde Engagement und die ständige Zusammenarbeit zwischen den verschiedensten Teilhabern. Sind die Bestrebungen daher nicht vielmehr eine niemals endende Reise? Dennoch sind Reiseziele, die sich um Nachhaltigkeit bemühen, es zweifellos wert, unterstützt zu werden. Bis heute wurden nur 13 Reiseziele von der Zertifizierungsbehörde Global Sustainable Tourism Council als nachhaltig eingestuft. Walbeobachtungstouren in Neuseeland, Skiangebote in Vail, Colorado oder Erkundungstouren durch die Vulkanlandschaft der isländischen Halbinsel Snæfellsnes, sie alle bieten über den Nachhaltigkeitsstatus hinaus viele gute Gründe für einen Besuch. Wegen der Corona-Reisebeschränkungen überdenken derzeit Destinationen überall auf der Welt ihre Tourismusmanagementstrategien, und so gibt es vielleicht bald weitere Reiseziele auf der Liste.

© BLAKE81 / GETTY IMAGES

Sechs Dinge, die jeder nachhaltig Reisende vorab wissen sollte
So aufregend auch die Idee ist, alles stehen und liegen zu lassen und einfach ins nächste Flugzeug zu steigen – die mangelhafte Vorbereitung auf ein Reiseziel kann dazu führen, dass man Schäden anrichtet. Beantworten Sie vor der Abreise die folgenden Fragen. So sind Sie ausreichend vorbereitet, um sich vor Ort achtsam zu bewegen.

★ Welche lokalen Gesetze, sozialen Probleme und kulturelle Etikette gibt es?
★ Wie sage ich Hallo, Bitte und Danke in der Landessprache?
★ Welche Unternehmen sind in lokaler Hand und nachhaltig?
★ Gibt es am Reiseziel Erlebnisse, die nicht nachhaltig sind und die ich besser vermeide?
★ Existieren Umweltprobleme wie Wassermangel, die ich kennen sollte?
★ Ist es möglich, Wasser aus dem Hahn zu trinken, damit ich kein abgefülltes Trinkwasser kaufen muss?

Acht Wege gegen Overtourism
Overtourism ist eine Bezeichnung für Destinationen, die durch zu viel Tourismus umwelttechnisch oder kulturell beeinträchtigt wurden. Jeder Reisende trägt die Verantwortung, so umsichtig wie möglich zu handeln. Hier sind einige Tipps, wie man die Belastung überfüllter Orte reduzieren kann, was auch den Besuchern zugutekommt.

★ Reisen Sie in der Nebensaison
★ Suchen Sie Alternativen vor Ort
★ Nutzen Sie lokale Anbieter
★ Verschlimmern Sie nicht die Umweltprobleme der Region
★ Respektieren Sie Einheimische, ihre Kultur und die Gesetze
★ Nutzen Sie verantwortungsbewusste Touranbieter für Kleingruppen
★ Verlassen Sie ausgetretene Pfade idealerweise mit einem Führer
★ Reisen Sie, weil es Ihr Wunsch ist, nicht um die Anerkennung anderer zu erlangen

WIEDERENTDECKT: DIE »STAYCATION«

Der Begriff kam erst Ende der 2000er auf, hat jedoch als Konzept seine Ursprünge im Jahr 1944. Damals rief eine US-Zeitung ihre Leser dazu auf, für die Kriegsanstrengungen Benzin zu sparen, indem man den Urlaub näher zu Hause verbringt. Heute werden sie beworben als eine tolle Möglichkeit, klimaschädliche Brennstoffe zu vermeiden.

© CARLOS FERNANDEZ / GETTY IMAGES

DER RICHTIGE ANBIETER

Wenn Sie einen Anbieter buchen, der sich für Nachhaltigkeit einsetzt, können Sie ganz entspannt Ihren nachhaltigen Urlaub genießen. Auf S. 26 finden Sie Informationen, wie Sie einen verantwortungsbewussten Anbieter auswählen können.

Wie man einen guten Anbieter auswählt

ÖKOTRICK

Eine bequeme Möglichkeit, herauszufinden, ob der von Ihnen gewählte Touranbieter verantwortungsbewusst arbeitet, ist ein Check, ob er von einer vom Global Sustainable Tourism Council zugelassenen Organisation zertifiziert wurde. Die Liste der zugelassenen Unternehmen findet man auf der Webseite. www.gstcouncil.org

Die Planung eines nachhaltigen Trips erfordert ein wenig Einsatz, besonders für Reisen in abgelegene Destinationen und in Entwicklungsländer. Hier lohnt sich, einen verantwortungsvollen Reiseanbieter zu engagieren.

Selbst wenn Sie gern unabhängig reisen, vor Ort möchten Sie vielleicht Anbieter für kleinere Ausflüge vor Ort nutzen. Hier finden Sie Informationen zur Suche von Anbietern, bei denen die Auswirkungen auf die Destination minimiert werden.

Was bedeutet es, an einer verantwortungsvollen Tour teilzunehmen?

»Wenn man mit einem Reiseanbieter unterwegs ist, der sich hundertprozentig bereit erklärt, Verantwortung zu übernehmen, sind die Grundlagen für die Unterstützung der Einheimischen und die Minimierung der Umweltbelastung bereits in die Reise mit integriert«, sagt James Thornton, Geschäftsführer von Intrepid Travel (www.intrepidtravel.com). Der Anbieter hat als erstes großes internationales Reiseunternehmen Elefantenritte aus dem Programm genommen.

»Wenn Sie eine nachhaltige Tour buchen, vergewissern Sie sich, dass das von Ihnen ausgegebene Geld den Menschen vor Ort zugutekommt«, sagt auch Justin Francis, Geschäftsführer des britischen Unternehmens Responsible Travel (www.responsibletravel.com), das Touren von über 400 Spezialisten aus aller Welt vertreibt.

Kann man verantwortungsbewusst an ein Ziel mit schlechter ethischer Bilanz reisen?

»Verantwortungsbewusst zu reisen hat weniger zu tun mit der Destination als mit dem, was man vor Ort tut«, so Francis. »Man kann auf eine ungemein schädliche Art in Länder reisen, die die besten Menschenrechts- und Umweltbestrebungen aufweisen«.

Kelly Galaski, Direktorin der Global Programs der Planeterra Foundation, pflichtet ihm bei. »Indem er verschiedene Orte auf möglichst nachhaltige Art und Weise erlebt, kann der Reisende bei seiner Heimkehr ein Botschafter für eine Verbesserung der Welt werden«, sagt sie. »Verantwortungsvolle Anbieter sind wichtig für die Verknüpfung von Reisenden mit Unternehmern, die Chancen für Menschen auf kleinster Ebene schaffen«.

Verantwortungsbewusste Reiseanbieter erkennen

Inzwischen bieten viele Anbieter verantwortungsvollere und nachhaltigere Produkte an. Am besten überprüft man auf der jeweiligen Webseite die Richtlinie für verantwortungsvolles und nachhaltiges Reisen. Diese Richtlinien spiegeln üblicherweise die Definition der World Tourism

Organization zum nachhaltigen Tourismus wider. Sie können zusätzlich Erkenntnisse des Anbieters oder nichtstaatlicher Organisationen und akademischer Einrichtungen berücksichtigen. Seitdem Intrepid Travel (www.intrepidtravel.com) zum Beispiel Elefantenritte aus dem Programm gestrichen hat, wurden weitere Maßnahmen ergriffen, um die Sicherheit von gefährdeten Tieren und auch Kindern in bereisten Gemeinschaften zu wahren.

»Wir wünschen das bestmögliche Erlebnis für unsere Reisenden und wollen dabei garantieren, dass die Orte, die wir bereisen, positiv beeinflusst werden«, kommentiert James Thornton. »Deshalb besuchen wir keine Schulen oder Waisenheime, da dies ein Risiko für die Kinder darstellt. Stattdessen essen wir in sozialen Restaurants und kaufen in Geschäften ein, deren Einkünfte die Programme unterstützen, die Familien zusammenhalten«.

Die wichtigsten Bestandteile einer verantwortungsvollen Tour

- ★ Wildniserlebnisse mit geringer Umweltbelastung wie die Beobachtung von Tieren in freier Wildbahn und Besuche in offiziellen Naturreservaten.
- ★ Kulturbesuche, die zuvorderst den Einheimischen und dann den Besuchern nützen.
- ★ Schutz von Kindern und Familien (sprich: keine Visiten in Waisenheimen oder Aktivitäten, die Kinderarbeit unterstützen).
- ★ Unterbringung in Gastfamilien und Boutique-Unterkünften.
- ★ Kulinarische Veranstaltungen mit saisonalen lokalen Zutaten und Kochtraditionen
- ★ Ortsansässige Führer, die ausgebildet sind und fair für ihre Arbeit entlohnt werden.
- ★ Abfallminimierende Initiativen wie die Benutzung von Alternativen zum Einwegplastik wie Einkaufstüten und Wasserflaschen.

DIE BESTEN VERANTWORTUNGSBEWUSSTEN TOURBUCHUNGSWEBSEITEN

- ★ **Responsible Travel:** Wählen Sie aus Tausenden von Touren in aller Welt – von familienfreundlichen Safaris zu ungewöhnlichen kulturellen Erlebnissen – alle nach den strengen Tourismusregeln der Plattform bewertet. www.responsibletravel.com
- ★ **Urban Adventures:** Buchen Sie einen lokalen Führer in über 150 Städten über Intrepid Travel, deren Standards für verantwortlichen Tourismus hoch sind. Urban Adventures arbeitet zudem Hand in Hand mit Lonely Planet für eine Reihe von CO_2-neutralen Tages- und Mehrtagestouren in kleinen Gruppen, Lonely Planet Experiences. www.urbanadventures.com; www.lonelyplanet.com/experiences
- ★ **Airbnb Experiences:** Einige größere Plattformen haben ihre Versprechen, Touristenaktivitäten mit Tierquälerei einzustellen, nicht gehalten. In Zusammenarbeit mit World Animal Protection hat sich Airbnb beim Start seiner Tieraktivitäten-Angebote im Jahr 2019 dazu verpflichtet, nur verantwortungsbewusste Touren zu verkaufen. www.airbnb.com/experiences

Wie man ein wirklich nachhaltiges Hotel bucht

Angesichts der Tatsache, dass die Hotelindustrie ca. 1 % zum weltweiten CO_2-Ausstoß beisteuert, wird es wichtiger denn je, grün zu schlafen.

Vorbei die Tage, als die vage Verpflichtung, Einsparungen bei Wasser und Strom vorzunehmen (typischerweise in Form eines Kärtchens im Badezimmer), ein Indikator für ein umweltbewusstes Hotel war. Immer mehr Unterkünfte verfügen heute über innovative Strategien für Umwelt und soziale Nachhaltigkeit, die gleichzeitig den Aufenthalt der Gäste bereichern. So erkennen Sie ein Hotel, das sich aufrichtig für eine Verbesserung der Umwelt einsetzt.

Es gibt eine Nachhaltigkeitsrichtlinie

Ein Hotel, das sich für Nachhaltigkeit engagiert, hat für gewöhnlich eine Nachhaltigkeitsrichtlinie auf seiner Webseite. Hier erfährt man, ob es von einer glaubwürdigen Organisation wie EarthCheck oder Leadership in Energy and Environmental Design (LEED) zertifiziert wurde und ob spezielle Initiativen vor Ort umgesetzt wurden. Wenn Sie dies online nicht finden können, wenden Sie sich direkt an das Hotel. Vorsicht ist geboten, sollte das Personal darüber keine Auskünfte geben können. Bedenken Sie jedoch, dass es gerade kleineren Hotels schwerfällt, die oftmals kostenintensiven Verbesserungen, die für die Zertifizierung notwendig sind, zu erfüllen. Fällen Sie keine vorschnellen Urteile nur anhand dieses einen Kriteriums.

Im lokalen Besitz und lokal geführt

Viele internationale Hotelketten haben heute beneidenswerte Nachhaltigkeitsrichtlinien, doch die Buchung einer ansässigen und lokal geführten Unterkunft bedeutet, dass Ihre Touristendollars direkt zurück in die Gemeinschaft vor Ort fließen. In vielen Regionen ist ein lokales Gästehaus immer noch die nachhaltigere Wahl im Vergleich zu einer großen ausländischen Hotelkette.

Es gibt Bemühungen, die Belastung zu limitieren

Hotels, die von vornherein nachhaltig geplant wurden, sind generell umweltfreundlicher, doch auch viele ältere Hotels leisten Beachtliches, um

ÖKOHOTELS

72 % aller Reisenden weltweit sagten laut einer 2019 durchgeführten Nachhaltigkeitsumfrage von Booking.com, dass sie noch nie von Ökozertifikaten für Urlaubsunterkünfte gehört haben.

ÖKOTRICK

Die in den USA ansässige Buchungswebseite Tripzero berechnet den CO_2-Verbrauch der Anreise zum über sie gebuchten Hotel und gleicht diesen kostenlos für den Kunden wieder aus. www.tripzero.com

ihre Verfahren grüner zu machen, über den Einsatz energie- und wassersparender Technologien hinaus.

Initiativen, nach denen man Ausschau halten kann, sind zum Beispiel ein Gemüsegarten fürs Hotelrestaurant, Bienenstöcke auf dem Dach, Toilettenartikel ohne Einwegplastik, vor Ort hergestelltes Mobiliar, Recycling-Abfalleimer in den Zimmern, die Verwendung biologischer Putzmittel und Bettwäschewechsel nur auf Anfrage.

Enge Zusammenarbeit mit lokalen Anbietern

Üblicherweise geschieht dies über die Beschäftigung von Einheimischen (zu fairen Löhnen und mit der Möglichkeit der Fortbildung), die Zusammenarbeit mit nachhaltigen Sozialprogrammen und die Integration der Gäste in die Gemeinschaft auf eine Weise, die diese befürwortet, zum Beispiel über lokal geführte Touren.

Gäste werden dazu angeregt, sich einzubringen

Ein wirklich nachhaltiges Hotel möchte die Gäste dazu inspirieren, die Destination in einem besseren Zustand zurückzulassen, als sie vorgefunden wurde. Dazu gehören Anreize für Gäste, die mit öffentlichen Verkehrsmitteln anreisen oder die auf die Zimmerreinigung verzichten oder die Veranstaltung von Umweltsäuberungsaktionen. Typischerweise ermuntern nachhaltige Hotels ihre Gäste schon beim Check-in, diese Mission mitzutragen.

GRÜNE BUCHUNGSSEITEN

Der Trend der nachhaltigen Hotels war die Geburtsstunde für eine Handvoll von Hotelbuchungsseiten, die sich auf umweltfreundliche Hotels spezialisiert haben. Diese Branchenführer helfen, Unsicherheiten bei der Buchung eines nachhaltigen Hotels zu beseitigen.

★ Ecobnb: nachhaltige B&Bs in mehr als 30 Ländern. www.ecobnb.com
★ Fairbnb: Unterkünfte in lokaler Hand in Europa, Förderung von Sozialprojekten. www.fairbnb.com
★ Green Pearls: atemberaubende Hotels auf der ganzen Welt. www.greenpearls.com
★ BookDifferent: Wählen Sie aus mehr als zwei Millionen grünen Unterkünften weltweit. www.booktravel.com

DER AUFSTIEG DER CO_2-NEUTRALEN HOTELS

Das umweltfreundlichste Hotel ist das CO_2-neutrale Hotel. Die grünsten Vertreter kompensieren den niedrigsten Prozentsatz der Emissionen, was bedeutet, dass sie mehr eigenen (erneuerbaren) Strom generieren. Das 2021 eröffnete Svart Hotel in der norwegischen Arktisregion verspricht, das erste energiepositive Hotel der Welt zu sein. Hier werden Geothermie und Sonnenenergie dazu genutzt, einen Überschuss an Solarenergie zu erzeugen, die zurück ins Netz gespeist wird. www.svart.no

Wie man ein nachhaltiges Freiwilligenprojekt auswählt

Von der Installation gesunder Kochstellen bis zum Sammeln von Daten über gefährdete Tierarten, ehrenamtliche Einsätze können viele Gesichter haben. Für die UN sind sie eine unentbehrliche Möglichkeit, ihre nachhaltigen Entwicklungsziele zu erreichen – doch einige der ausländischen Freiwilligenprojekte sind nachhaltiger als andere.

© CRAIG LOVELL / EAGLE VISIONS PHOTOGRAPHY / ALAMY STOCK PHOTO

»Um das meiste aus einem Freiwilligendienst herauszuholen, sollte man sich genau überlegen, wen man auswählt und was man tun möchte«, sagt Dr. Kate Simpson, Fachberaterin für *Lonely Planets Volunteer: A Traveller's Guide to Making a Difference Around the World*. Sie hat mehrere Jahre in der internationalen Freiwilligenbranche geforscht und gearbeitet. Die folgenden Fragen sollen Ihnen dabei helfen, sich für ein Freiwilligenprojekt zu entscheiden.

Welche Arbeit verrichte ich?
Eine Organisation mit einem guten Freiwilligenprogramm sollte Ihnen weit vor dem Startdatum mitteilen, welche Art von Arbeit Sie verrichten werden, wie viele Stunden pro Tag, wie viele Tage die Woche, und mit welcher Gastgeberorganisation. Ein typischer Grund für die Unzufriedenheit von Freiwilligen ist die Erkenntnis, nicht das zu tun (und für das bezahlt zu haben), für das man sich angemeldet hat.

Wird mit einer Partnerorganisation vor Ort gearbeitet?
Wenn ein Programm den Leuten vor Ort zugutekommen soll, sollte es mit diesen Hand in Hand arbeiten und der Gemeinschaft nicht aufgedrängt werden. Finden Sie heraus, wer dieser Partner ist und wie sich die Beziehung zwischen den beiden gestaltet. Ist ein lokaler Vertreter bei der täglichen Leitung Ihres Projekts involviert? Wie hat man sich vor Ort beraten lassen, als das Projekt aufgebaut wurde? Was ist der Nutzen des Projekts?

Innerhalb welchen Zeitrahmens wird das Programm betrieben?
Ein gut strukturiertes Freiwilligenprogramm muss einen klaren Zeitrahmen besitzen, und die Organisationen sollten wissen, ob das Projekt auch im nächsten Jahr Bestand haben wird. Kurzprogramme, und vor allem Kurzeinsätze, können problematisch sein. Wenn Sie einen Monat lang als Aushilfslehrkraft arbeiten, was passiert das restliche Schuljahr? Die ständigen Wechsel des Lehrpersonals können sich auf die Kinder negativ auswirken. Es ist daher dringend notwendig, herauszufinden, wie sehr sich die Organisation einem bestimmten Projekt oder einem Einsatz widmet, um die Qualität und den Wert des jeweiligen Programms zu bestimmen.

Werden Einheimische, Tiere und Umwelt geschützt?
Alle Freiwilligenorganisationen sollten eine Schutzrichtlinie für Kinder und gefährdete Erwachsene haben. Programme, die sich direkt mit Kindern beschäftigen, müssen den Freiwilligen eine Kinderschutzausbildung anbieten. Naturreservate mit hohen Tierschutzstandards sollten ebenfalls über Richtlinien verfügen, die die Tierwelt schützen (meist Einschränkungen beim Kontakt von Mensch und Tier) und die den Freiwilligen in einem Training nähergebracht werden. Eine Freiwilligenorganisation sollte zudem erklären können, wie man daran arbeitet, die Umweltbelastung zu minimieren.

Welche Unterstützung und Training erhält man?
Über die Praxis der Freiwilligenarbeit und die Kultur des Gastlandes zu lernen, hilft dabei, das Meiste aus der Erfahrung mitzunehmen und weiterzugeben. Im Bereich Training und Support existieren zwischen den einzelnen Organisationen jedoch enorme Unterschiede. Wählen Sie ein Programm, das auch Unterstützung und Handreichung vor Ort anbietet. Lokaler Support ist ebenfalls wichtig, doch fragen Sie nach, ob »lokal« auf der gegenüberliegenden Straßenseite bedeutet oder mehrere Busstunden entfernt. Alle Projekte verlangen ab einem gewissen Punkt Problemlösungen – Sie werden jemanden benötigen, der Ihnen dabei behilflich ist.

Gibt es einen finanziellen Beitrag zum Freiwilligenprogramm und wenn ja, wie viel?
Diese Programme benötigen sowohl Geld als auch Arbeitseinsatz. Seien Sie sich bewusst, dass Zahlungen für Ihre Verpflegung und Unterbringung dem Freiwilligenprogramm oft nicht helfen.

WARUM MÖCHTEN SIE FREIWILLIGENARBEIT LEISTEN?

Wünschen Sie wirklich, den weniger Privilegierten etwas zu geben, oder – Hand aufs Herz – sind Sie vielmehr an der Wertschätzung in den sozialen Medien oder der Nutzung der Erfahrung für Ihre Karriereplanung interessiert? Wenn Sie diese Arbeit mit Neugierde und der Bereitschaft zum Lernen angehen, wird für Sie – und das Projekt – am Ende mehr dabei herausspringen.

ÖKOTRICK

Die Webseite von ChildSafe Movement, betrieben von der kinderfreundlichen nichtstaatlichen Organisation Friends International, ist ein hilfreiches Tool für Reisende, die gern in der Kinderhilfe tätig sein möchten. www.thinkchildsafe.org

Unentbehrliches für Ihr abfallfreies Reisegepäck

Man kann unterwegs mehr tun, als nur auf Einwegplastik zu verzichten. Helfen Sie dabei mit, wo möglich Ihren Abfall zu reduzieren, und fügen Sie die folgenden Artikel Ihrer Reiseausrüstung hinzu.

1 TRINKFLASCHE

Sollten Sie zu einem Reiseziel aufbrechen, wo sauberes Trinkwasser Mangelware ist, packen Sie Wasserreinigungstabletten oder einen Steripen (www.steripen.com) ein. Eine gute Alternative ist eine Flasche mit eingebautem Filter wie eine LifeStraw (www.lifestraw.com).

2 KAFFEETASSE

Besonders nützlich im Flugzeug – bitten Sie das Kabinenpersonal, statt des Wegwerfbechers die mitgebrachte Tasse aufzufüllen.

3 GESCHIRR/KUNSTSTOFFBOX

Praktisch, wenn man in Straßenküchen essen will (bitten Sie einfach den Verkäufer, die Mahlzeit in den mitgebrachten Behälter abzufüllen), und um Snacks aufzubewahren.

4 IM BAD OHNE PLASTIK

Probieren Sie, Toilettenartikel selbst herzustellen (wie, das erfahren Sie auf S. 34), und legen Sie sich beim nächsten Einkauf Zahnbürste, Rasierer und Haarbürste aus nachhaltigem plastikfreiem Material zu.

5 RECYCLINGBEUTEL

Da Baumwolle ein wasser- und düngerhungriger Rohstoff ist, wählen Sie einen Beutel aus recyceltem PET-Kunststoff, welcher nicht nur leicht, sondern auch belastbar ist.

6 TRANSPARENTES NECESSAIRE

Sinnvoll bei Flugreisen für den Transport von Flüssigkeiten im Handgepäck anstelle eines Ziplock-Beutels aus Plastik, der nicht so häufig wiederverwendet werden kann.

ÖKOTRICK

Anstatt mit Plastiktüten Dreckwäsche und Schuhe im Koffer zu trennen, investieren Sie in Packwürfel, die man nach der Reise waschen kann.

7 SCRUBBA

Diese clevere Erfindung aus Australien sieht aus wie ein wasserdichter Sack und funktioniert wie eine tragbare Waschmaschine: Sie reinigt Kleidungsstücke effektiv und spart dabei Wasser. www.thescrubba.com.au

8 WEIBLICHE HYGIENEARTIKEL

Menstruationstassen sind nicht Ihr Ding? Dann probieren Sie Periodenunterwäsche wie die von Modibodi. www.modibodi.com

9 PLASTIKFREIE HANDYHÜLLE

Schützen Sie Ihr Handy mit kompostierbarer Hülle und Bildschirmschützer von Anbietern wie Pela. www.pelacase.com

10 AUFLADBAR DURCH SONNENENERGIE

Reiseausrüstungsteile wie Kopflampen sind heutzutage als wiederaufladbare Modelle erhältlich, sodass man auf Batterien verzichten kann. Ein Solarladegerät hilft, die Belastung des lokalen Stromnetzes gering zu halten (besonders nützlich beim wilden Camping, wo der Stromzugang begrenzt ist).

... UND DREI ABFALLMEISTER, DIE MAN BESSER AUS DEM GEPÄCK VERBANNT

- ★ Feuchttücher: Wenn Sie gar nicht ohne können, wählen Sie lieber eine biologisch abbaubare Alternative. Keinesfalls vergraben oder in der Toilette entsorgen.
- ★ Mini-Toilettenartikel: Wenn, dann verwenden Sie die Behälter wieder.
- ★ Wegwerfkulturbeutel im Flugzeug: Investieren Sie in eine wiederverwendbare Schlafmaske, damit Sie nicht auf die mangelhafte Alternative ausweichen müssen.

DIY Plastikfreie Toilettenartikel

ÖKOTRICK

Kokosöl ist hydrophob – das heißt, es stößt Wasser ab – und verhindert dadurch, wenn man es vor dem Haarewaschen als Conditioner einmassiert, das Eindringen von Wasser in jede einzelne Strähne. Dies hilft, Schäden und Haarbruch zu vermeiden.

Toilettenartikel machen einen Großteil des Einwegplastiks aus, dem man unterwegs begegnet. Eine umweltfreundlichere und günstigere Methode ist die Herstellung eigener Artikel für die Reise. Kate Nelson, Aktivistin für Plastikfreiheit und Autorin des Buches **Quit Plastics** *stellt auf der Webseite www.iquitplastics.com und auf dem Instagram-Account @plasticfreemermaid ihre besten Rezepte vor.*

DEODORANT

Kokosöl schmilzt bei Wärme. Verwenden Sie daher im Sommer weniger, da die Mixtur leichter aufzutragen sein wird (am besten mit dem Finger oder einem kleinen Löffel).

Zutaten

★ 3 EL kaltgepresstes Kokosöl
★ 2 EL Pfeilwurzelmehl
★ 1 EL Backpulver
★ ein paar Tropfen ätherisches Öl (Geranien- oder Lotusblumenöl funktionieren gut)

SHAMPOO

Backpulver entfernt Schmutz und alte Hautschuppen, kann jedoch mit der Zeit das Haar austrocknen, weshalb man zur Haarpflegeroutine Kokosöl hinzufügen sollte.

Zutaten

★ ¼ Tasse Backpulver
★ Ein paar Tropfen ätherisches Öl (Zitrone für blondes Haar, Rosmarin für brünettes, Kamille für Glanz und Stärke)
★ 1 Tasse Wasser

CONDITIONER

Dieses schlichte Rezept hilft dem Körper dabei, den pH-Wert der Kopfhaut wieder ins Gleichgewicht zu bringen – hilfreich, da der pH-Wert des Backpulvers in Ihrem selbstgemachten Shampoo relativ hoch ist.

Zutaten

★ 1 EL Apfelessig
★ 1 Tasse Wasser

INSEKTEN-SCHUTZMITTEL

Einfach zubereitet aus Öl und Wachs, macht diese Salbe von Ölen Gebrauch, deren insektenabwehrende Eigenschaften seit Jahrhunderten genutzt werden. Sie sorgt sogar für einen schützenden Film.

Zutaten

- ★ 5 EL Mandelöl
- ★ 5 EL Kokosöl
- ★ 1 Tropfen Eukalyptusöl
- ★ 2 Tropfen Teebaumöl
- ★ ½ TL Zitronensaft
- ★ 1 EL Bienenwachs

Zubereitung

- ★ Mandelöl, Kokosöl und Bienenwachs im Wasserbad erwärmen.
- ★ Auf der Hitze belassen, damit das Wachs nicht aushärtet, und Zitronensaft einrühren.
- ★ In kleine saubere Gläser abfüllen.
- ★ Ätherische Öle hinzufügen (wenn man dies auf dem Herd macht, verdampfen die Öle), mit einem Zahnstocher schnell vermengen und Deckel schließen.

ZAHNPASTA

Dieses Produkt bewahrt man am besten im Kühlschrank auf, doch auf Reisen kann man es auch draußen lassen. Es sollte nur kein Wasser hineingelangen, weil die Mixtur sonst gärt.

Zutaten

- ★ ¼ Tasse Kokosöl
- ★ ¼ Tasse Backpulver
- ★ 15-20 Tropfen Pfefferminzöl

FEUCHTIGKEIT FÜR DEN KÖRPER

Öl für sich genommen hat keine feuchtigkeitsspendende Wirkung, doch es kann die Feuchtigkeit festhalten. Massieren Sie das Öl beim Duschen ein und reiben Sie anschließend mit einem Handtuch Wasser und Öl vom Körper. An heißen Tagen empfiehlt sich kühlendes Kokosöl, an kalten Schwarzes Sesamöl.

FEUCHTIGKEIT FÜRS GESICHT

Direkt nach dem Duschen auftragen (Hagebutte ist voller Antioxidantien). Für Reisen in kühlere Gefilde kann man sich einen Balsam aus geschmolzenem Bienenwachs (oder Kakaobutter) und ätherischem Öl herstellen.

MAKE-UP-ENTFERNER

Waschen Sie Ihr Gesicht mit einem feuchten Waschlappen und tragen Sie dann das Öl in Kreisbewegungen mit den Fingerspitzen auf. Anschließend abwaschen. Wer viel Make-up verwendet, sollte die Augen zuletzt angehen.

Wie nachhaltig ist Ihre Reiseausstattung?

Die Textilindustrie macht stolze 10 % des weltweiten CO_2-Ausstoßes aus und ist der zweitgrößte industrielle Umweltverschmutzer nach Erdöl. Der Hersteller Patagonia (www.patagonia.com) stellt seit 1993 Produkte aus recycelten Flaschen her, was heute von anderen kopiert wird. Doch da das Greenwashing der Branche noch immer ein großes Problem ist, lohnt es sich, die Marken vor dem Kauf genau unter die Lupe zu nehmen.

ÖKOTRICK

Der erste Online-Händler für nachhaltige Reisebekleidung und -Zubehör der Welt, Sustainable Travel Store, ist ein praktischer Allround-Shop für umweltfreundliches Reisezubehör. Momentan wird nur innerhalb der USA versendet, doch das mag sich in Zukunft ändern. www.sustainabletravelstore.com

Wie man sehen kann, ob eine Reisebekleidungsfirma nachhaltig ist

Ultra-nachhaltige Unternehmen erfüllen die meisten – wenn nicht gar alle – dieser Punkte:

★ Stellt langlebige und hochwertige Produkte her.
★ Verwendet natürliche und recycelte Materialien mit so wenig chemischen Eingriffen wie nötig.
★ Hat eine ausführliche Nachhaltigkeitsrichtlinie auf der Webseite und legt offen, wo und wie die Produkte hergestellt werden.
★ Nutzt umweltfreundliche Verpackungen für Online-Verkäufe.
★ Bietet eine umfangreiche Garantie auf alle Artikel.
★ Bietet einen Reparaturdienst an.
★ Spendet an Umwelt- oder Sozialinitiativen wie 1 % for the Planet (www.onepercentfortheplanet.org).
★ Wird in den Branchenverzeichnissen der ethischen Modeindustrie wie Good on You aufgeführt (www.goodonyou.eco).
★ Ist eine zertifizierte B-Corporation (ein Unternehmen, das die höchsten verifizierten Sozial- und Umwelt-Standards erfüllt) oder ist darum bemüht, eine zu werden.

ÖKOTRICK

Der GuppyFriend ist perfekt für zuhause und für unterwegs. Ein Waschsack, der fiese Mikrofasern auffängt, die man dann gewissenhaft entsorgen kann, statt sie durch das Abwasserrohr zu jagen. www.guppyfriend.com

Die besten Textilien für die Umwelt

★ **Achtung**: Nur weil eine Faser nachhaltig kultiviert wird, heißt das nicht, dass sie nachhaltig weiterverarbeitet wird.

★ **Tencel**: Eine Markenbezeichnung für eine Art von Lyocell – eine superatmungsaktive Faser von nachhaltig abgebautem Zellstoff. Tencel wird über einen geschlossenen Kreislauf produziert, die Lösungsmittel, mit denen der Zellstoff zur Faser verarbeitet wird, werden wiederverwendet.

★ **Hanf**: Äußerst umweltverträgliche Naturfaser, die nachhaltig zu Textilien verarbeitet werden kann, mit beinah doppelt so hohem Ertrag pro Hektar im Vergleich zur Baumwolle. Beachten Sie jedoch, dass einige Hersteller Chemikalien einsetzen.

★ **Bambus**: Bambus zählt zu den nachhaltigsten Anbaupflanzen der Welt. Dennoch muss betont werden, dass der günstigere und häufiger zum Einsatz kommende Prozess, bei dem die Faser zu einem weichen, knitterfreien Stoff verwoben wird, äußerst chemiebelastet ist.

© KEN ETZEL / PATAGONIA

Die schlimmsten Stoffe für die Umwelt

Anspruchsvolle Funktionstextilien sind zwar meist toll für unterwegs, Hersteller pflegen jedoch Chemikalien ins Garn oder bearbeiten die Textilien mit Veredelungen oder Beschichtungen, die nicht nur schädlich für die Umwelt, sondern auch für den Menschen sein können.

★ **Baumwolle**: Obwohl Baumwolle eine natürliche, biologisch abbaubare Faser ist, ist sie gleichzeitig eine der am umweltschädlichsten – Bio-Baumwolle benötigt sogar noch mehr Wasser während des ersten oder zweiten Wachstumszyklus.

★ **Synthetik**: Stoffe wie Polyester, Nylon, Rayon und Akryl haben typischerweise ihren Ursprung im Erdöl, was bedeutet, dass sie abhängig sind von der Erdölindustrie. Zudem gelangen sie als schädliche Mikrofasern in den Wasserkreislauf.

★ **Tierische Materialien**: Die Leder- und Pelzindustrie stößt Unmengen von Methan aus. Starke Chemikalien werden eingesetzt. Wolle ist zwar ein erneuerbarer Rohstoff, doch die Branche ist verantwortlich für großflächige Rodungen. Zudem produzieren Schafe, ähnlich wie Kühe, große Mengen an Methan.

ZEHN TOLLE ÖKO-REISE-APPS

ÖKOTRICK

Machen Sie online Ihr Recht auf Privatsphäre geltend und sorgen Sie dafür, dass Sie die Webseiten und Apps erreichen können, die Sie beim Reisen benötigen, indem Sie sich vor der Abreise ein vertrauenswürdiges Virtual Private Network (VPN) herunterladen.

Handys sind zwar nicht sonderlich gut für die Umwelt, doch man kann diesen Umstand ein wenig mit Apps ausgleichen, die ein bewusstes und nachhaltiges Reisen erleichtern.

1 TripCase
www.tripcase.com
Schicken Sie Ihre Buchungsbestätigungen an die E-Mail-Adresse von TripCase, damit die Daten in Ihr Konto übertragen werden.

2 Maps.Me
www.maps.me
Vergessen Sie Landkarten aus Papier oder die Suche nach WLAN, um Offline-Karten herunterzuladen. Maps.Me verzeichnet mehr Wanderrouten als die vergleichbare Google-Maps-Funktion.

3 Citymapper
www.citymapper.com
Die Nutzung öffentlicher Verkehrsmittel ist spielend leicht mit dieser Planungsapp in Echtzeit, jetzt für 40 Städte weltweit.

4 Spinlister
www.spinlister.com
Hiermit kann man auf Reisen Fahrräder, Surfboards, SUPs, Ski und Snowboards mieten.

5 Duolingo
www.duolingo.com
Frischen Sie wichtige Phrasen in der Sprache Ihres Reiselandes auf.

6 Abbyy Business Card Reader
www.abbyybcr.com
Sparen Sie Papier, indem Sie die Visitenkarten von Hotels, Touren und anderen Kontakten für den späteren Gebrauch einscannen.

7 Tipster
blog.mypostcard.com/tip-trinkgeld-rund-um-die-welt/
Beim Trinkgeld keinen Fehler mehr machen – das geht mit diesem schnellen Nachschlagewerk für lokale Trinkgeldgepflogenheiten.

8 The Stop App
www.stopthetraffik.org/stopapp
Sie haben etwas Verdächtiges beobachtet? Melden Sie Verdachtsfälle von Menschenschmuggel an die gemeinnützige britische App Stop The Traffik.

9 Good Guide
www.goodguide.com
Ihnen sind unterwegs ein paar Dinge ausgegangen? Diese App liefert Nachhaltigkeitsbewertungen für über 75 000 Hygiene- und Haushaltsprodukte.

10 iOverlander
www.ioverlander.com
Von Overlanders für Overlanders: Wichtige Orte entlang beliebter Überlandstrecken, von Campingplätzen zu Werkstätten und Botschaften.

Trip-Checkliste für eine nachhaltige Reise

Bereiten Sie sich auf einen verantwortungsbewussten Trip vor und reduzieren Sie Ihren CO_2-Fußabdruck, indem Sie vor Abreise diese Punkte auf Ihrer To-do-Liste abhaken.

Drei Monate vor Abreise

- ★ Holen Sie sich alle empfohlenen Reiseimpfungen.
- ★ Buchen Sie die richtige Versicherung für das Reiseziel und für die Aktivitäten vor Ort. Eventuell sind zusätzliche Versicherungen nötig.
- ★ Stornieren Sie oder setzen Sie Zeitschriftenabos und Essenslieferungen aus.
- ★ Überprüfen Sie, ob Sie einen Teil Ihrer üblichen Post elektronisch empfangen können.

Eine Woche vor Abreise

- ★ Speichern Sie Ihre Buchungsbestätigungen offline als PDF auf Ihr Handy, es sei denn, eine gedruckte Version ist unerlässlich.
- ★ Laden Sie Apps auf Ihr Handy, um sich umweltbewusst im Zielland zu bewegen (s. S. 38).
- ★ Wer fliegt, kann per Online-Check-in Papier sparen.
- ★ Werfen Sie ungewolltes Essen in Ihrem Kühlschrank weg, um die Energieeffizienz zu steigern.

LEICHTGEWICHTIG REISEN

- ★ Investieren Sie in einen leichten Kompaktkoffer
- ★ Füllen Sie flüssige Artikel in kleinere wiederverwendbare Behälter um
- ★ Folgen Sie der Methode von Marie Kondo (www.konmari.com)
- ★ Befreien Sie Ihre Brief- und Handtasche von unnötigem Gerümpel
- ★ Greifen Sie zum E-Reader
- ★ Lassen Sie schwere Hair-Styling-Tools zu Hause
- ★ Packen Sie Outfits ein, nicht individuelle Kleidungsstücke
- ★ Breiten Sie vor dem Packen alles aus und schätzen Sie ab, ob Sie alles brauchen

Am Abreisetag

- ★ Packen Sie plastikfreie Snacks für die Reise ein und vergessen Sie nicht Ihre abfallfreie Reiseausstattung (siehe S. 32).
- ★ Ziehen Sie bei allen Geräten im Haus, die nicht eingeschaltet bleiben müssen, den Stecker, da selbst im Stand-by-Modus Strom verbraucht wird.
- ★ Anstatt das Licht an zu lassen, um Diebe abzuschrecken, setzen Sie eine Zeitschaltuhr ein oder prüfen Sie, ob es eine App gibt, die die Lichter gelegentlich ein- und ausschaltet.
- ★ Wenn Sie einen Thermostat nutzen, um das Zufrieren von Leitungen zu verhindern, stellen Sie ihn auf die niedrigste Temperatur ein und verwenden Sie Zeitschaltuhren.
- ★ Wenn Sie im Sommer reisen, überlegen Sie, ob sich der Heißwasserboiler abstellen lässt.
- ★ Erwägen Sie, mit öffentlichen Verkehrsmitteln zum Abreiseort zu fahren.

UNTERWEGS

13 Strategien zur CO_2-Reduktion auf Reisen

Zieht man in Betracht, dass die Reisebranche für 8 % der weltweiten Emissionen verantwortlich ist, ist jedes kleine Bisschen, das man zur Reduktion beiträgt, Gold wert.

1 FLIEGEN SIE INTELLIGENT

Wenn Sie fliegen müssen, reduzieren Sie Ihren CO_2-Ausstoß durch die Wahl einer CO_2-effizienten Fluglinie, einen Direktflug und einen Sitz in der Economyclass statt Businessclass. Weitere Taktiken sind das Herunterlassen der Fensterjalousien (um das Flugzeug kühl zu halten), das Mitführen eigener Annehmlichkeiten und Verpflegung (oder eine pflanzenbasierte Mahlzeit zu bestellen).

2 PACKEN SIE LEICHT

Ganz gleich, welche Art von Verkehrsmittel Sie wählen, um zu Ihrem Ziel zu gelangen, ein leichtgewichtiges Gepäck beansprucht weniger Energie für den Transport.

3 ÖFFENTLICHE VERKEHRSMITTEL

Die Nutzung öffentlicher Verkehrsmittel (oder besser noch, einer Fahrradrikscha) hilft nicht nur bei der Reduktion des CO_2-Ausstoßes, man ist so auch mittendrin im Geschehen. In vielen Weltstädten finden sich heute preisgünstige Fahrrad-, E-Bike- oder Scooter-Verleiher.

4 E-FAHRZEUGE ODER E-TAXEN

Von Jahr zu Jahr verbessert sich überall auf der Welt die Infrastruktur für Elektrofahrzeuge (EV) (für Roadtrips mit dem EV siehe S. 82). Auch wenn große Ride-Sharing-Anbieter wie Uber und Lyft noch dabei sind, EV-Buchungssysteme zu implementieren, so belohnen beide Unternehmen bereits Fahrer, die den Sprung zum Elektroauto wagen.

5 ÜBERNACHTEN SIE GRÜN

Hotels mit geringem CO_2-Fußabdruck operieren für gewöhnlich mit erneuerbarer Energie, nutzen energiesparende Lampen und andere Geräte, fangen Regenwasser auf, recyceln und verwenden lokale Produkte (siehe S. 28 für Tipps, wie man ein grünes Hotel findet). Gehen Sie noch einen Schritt weiter, indem Sie auf die Zimmerreinigung verzichten und Wasser- und Stromverbrauch minimieren.

6 CO_2-FREUNDLICHE AKTIVITÄTEN

Von Wander- und Fahrradtouren zu nichtmotorisierten Schnorchel- und Tauchausflügen sind CO_2-freundliche Aktivitäten nicht nur besser für Ihre Gesundheit, sondern auch für die Gesundheit unseres Planeten.

7 VERMEIDEN SIE TOURI-KITSCH

Typische Souvenirs verursachen dreifach CO_2-Ausstoß: Hergestellt aus Plastik oder chemisch behandelten Stoffen von Firmen, die sich nicht um den CO_2-Ausstoß scheren, und in LKWs, Schiffen oder Flugzeugen oft weite Strecken transportiert. Tipps für nachhaltige Souvenirs finden Sie auf S. 60.

ÖKOTRICK

Einige abonnierbare Apps bieten einen allumfassenden CO_2-Kompensationsservice. Wren (projectwren.com) kalkuliert eine monatliche Abgabegebühr basierend auf Ihrem Lebensstil (inklusive Reisen); Sie können auswählen, an welches CO_2-reduzierende Projekt Sie jeden Monat spenden möchten.

8 ESSEN SIE LOKAL

Zu den großen Freuden des Reisens zählen regionale Spezialitäten. Wer dabei Lebensmittel wählt, die in der Region angebaut und verarbeitet werden, hilft mit, die *Food Miles* (den CO_2-Ausstoß beim Transport von Lebensmitteln) zu reduzieren. Kleine Bauernhöfe sind zudem flexibler darin, umweltfreundliche Praktiken anzunehmen, zum Beispiel auf Pestizide zu verzichten – erkundigen Sie sich darüber vor dem Kauf.

9 ESSEN SIE WENIGER FLEISCH

Da der Treibhausgasausstoß in der Landwirtschaft auf dem besten Weg ist, den aller anderen Sektoren zu überrunden, auch den der Energiewirtschaft, ist der allerbeste Weg, unterwegs den CO_2-Ausstoß zu minimieren (abgesehen vom Verzicht auf Flugreisen), den Fleischkonsum zu reduzieren. Das gilt besonders für den Hauptverantwortlichen, rotes Fleisch.

10 ABFALLFREI REISEN

Jedes Produkt, das Sie auf Reisen verwenden, benötigt Energie für die Herstellung, mehr noch fürs Recyclen, und stößt beim Abbau Emissionen aus. Indem Sie den Abfall, wo auch immer möglich, vermeiden, vermeiden Sie Emissionen.

11 VERZICHTEN SIE AUFS LANGE DUSCHEN

Von Kapstadt bis Kathmandu kämpfen viele Reisedestinationen auf der ganzen Welt mit Wassermangel. Indem wir Wasser sparen, helfen wir nicht nur dabei mit, die örtliche Wasserversorgung weniger zu belasten, wir reduzieren gleichzeitig die Emissionen, die bei der Aufbereitung und beim Pumpen anfallen.

12 DEN CO2-AUSSTOSS KOMPENSIEREN

Flugzeuge sind nicht das einzige Verkehrsmittel, das Kohlstoffdioxid ausstößt. Die US-amerikanische Firma offCents (www.offcents.com) vollzieht Auto-, Bahn- und Flugreisen nach und gleicht diese aus. MyClimate (www.myclimate.org) aus der Schweiz kompensiert ebenfalls Autoreisen, Kreuzfahrten, Veranstaltungen und ähnliches.

13 WÄSCHE ZUM TROCKNEN AUFHÄNGEN

Wer unterwegs ist, hat oftmals nicht die Zeit, seine Wäsche zum Trocknen aufzuhängen. Doch wenn man bedenkt, dass eine Trocknerladung fünfmal mehr Strom benötigt als das Waschen, lohnt es sich, für den Fall der Fälle eine Wäscheleine im Gepäck zu haben.

Wie man ohne Einwegplastik reist

Die verheerenden Auswirkungen von Kunststoffen auf die Umwelt sind bekannt, doch unser Vorsatz, plastikfrei zu leben, wird im Urlaub oft vergessen. Mit diesen Tipps bleiben Sie auf dem richtigen Weg.

Abfallfreies Reiseset

Investieren Sie in attraktive abfallfreie Reiseartikel (s. S. 32) und haben Sie diese immer griffbereit in der Handtasche oder dem Rucksack. So können Sie auf Einwegbecher, Wegwerftüten und -essbesteck, Einwegflaschen und vieles mehr verzichten.

Wasser überall reinigen

Ein Mangel an Trinkwasser an Ihrem Reiseziel ist keine Entschuldigung mehr für Einweg-Plastikflaschen. Im Handel gibt es Wasserreinigungsprodukte für die Reise, von Filterflaschen wie die LifeStraw Go (www.lifestraw.com), die fünf Jahre lang Wasser filtern kann, bis zum Steripen (www.steripen.com), der mit ultravioletter Strahlung in 90 Sekunden Keime abtötet. Vitamin-C-Sprudeltabletten können den Geschmack von Wasserreinigungstabletten problemlos überdecken.

Umgehen Sie Einwegplastik im Flieger

Die meisten Fluglinien verwenden immer noch beim Bordservice eine ungeheuerliche Menge an Einwegkunststoffen. Helfen Sie mit bei der Verringerung des Müllbergs, indem Sie das Kabinenpersonal bitten, Getränke in Ihre Mehrwegflasche zu füllen. Lehnen Sie zudem die in Plastik eingeschweißten Erfrischungstücher, Süßigkeiten, Decken, Kopfhörer und Hygieneartikel ab. Sollten Sie Ihre wiederverwendbare Flasche oder Tasse vergessen haben, verwenden Sie einfach mehrmalig den Plastikbecher der Fluglinie.

Buchen Sie eine umweltfreundliche Unterkunft

Hotels, die sich verpflichten, umweltfreundlich zu agieren (siehe S. 28), erleichtern es den Gästen, Einwegplastik zu vermeiden, zum Beispiel mit Nachfüllmöglichkeiten für Wasserflaschen statt Einwegflaschen, Alternativen zu Plastikstrohhalmen an der Bar, Badezimmerprodukten in Spendern und weiteren Einwegplastikalternativen.

Erkundigen Sie sich nach umweltfreundlichen Anbietern für Aktivitäten

Bevor Sie sich aufmachen, einen Ausflug am Zielort zu buchen, erkunden Sie sich, wie Mahlzeiten und Getränke serviert

© RAZVAN CIUCA / GETTY IMAGES

ÖKOTRICK

Ebnen Sie anderen den Weg, Einwegplastik auf Reisen zu umgehen, indem Sie mit den Geschäften vor Ort über Kunststoffe sprechen. Wahrscheinlich ist sich der Besitzer gar nicht bewusst, wie positiv der Verzicht auf Plastik und die Verwendung umweltbewussterer Alternativen für die Umwelt ist.

werden. Umsichtige Firmen bieten Wasserflaschen zum Nachfüllen statt Einwegflaschen an und servieren das Essen mit wiederverwertbarem Besteck statt mit Wegwerfversionen aus Kunststoff oder Polystyrol. Wie man einen nachhaltigen Anbieter erkennt, siehe S. 26.

Seien Sie ein schlauer Gourmet

Ein wenig Vorarbeit macht bei der Verpflegung auf Reisen einen großen Unterschied. Bevor Sie Getränke in einer neuen Bar oder einem Restaurant ordern, schauen Sie nach, ob der Drink Ihrer Wahl nicht doch aus einer Plastikflasche kommt, und bestellen Sie immer den Strohhalm ab. Bei Street Food überreichen Sie dem Verkäufer Ihren mitgebrachten Behälter, bevor dieser automatisch das Gericht in einem Plastikbehälter ausgibt.

Kaufen Sie auf Märkten ein

Supermärkte sind berüchtigt für unnötige Plastikverpackungen. Besorgen Sie sich daher Ihre Lebensmittel am besten auf dem Wochenmarkt. Das gleiche gilt für Handwerkskunst – wer lokal gefertigte, plastikfreie Artikel kauft, spart Kunststoffverpackungen ein, die meist beim Transport verwendet werden, und CO_2, das bei der Einfuhr anfällt. Doch völlig gleich, wo Sie einkaufen, vergessen Sie nicht Ihre wiederverwendbare Tragetasche!

© OTENTIC YOGA

Wie man kulinarischen Tourismus nutzt

Kulinarischer Genuss ist integraler Bestandteil des Reisens, denn er ermöglicht einen köstlichen Einblick in lokale Traditionen. Nachhaltig betrieben schafft er zudem interkulturelle Verbindungen, bewahrt das lokale Erbe und kommt Einheimischen zugute.

Ein nachhaltiger Gourmet betrachtet alle Faktoren, die ins Spiel kommen, genau: die Herkunft, Produktion und Verpackung der Zutaten, dazu die Arbeitsabläufe des Unternehmens oder des Verkäufers. Auf Reisen ist es nicht immer einfach, an diese Informationen zu gelangen. Doch wer sich bemüht, sozial fortschrittliche und umweltbewusste Betriebe aufzusuchen, kann es sich mit ruhigem Gewissen schmecken lassen.

Speisen Sie in nachhaltigen Restaurants
Viele Restaurants verpflichten sich, nachhaltig eingekaufte, lokale, selbstgezogene und biologisch angebaute Lebensmittel zu servieren. Sie arbeiten abfallverringernd und unterstützen mit Initiativen die Gemeinschaft vor Ort. Mit dem Besuch eines solchen Restaurants honorieren Sie nicht nur diese gelebte Nachhaltigkeit, sondern ermuntern auch andere, sich der Bewegung anzuschließen.

Wählen Sie lokale und saisonale Gerichte
Frische regionale Lebensmittel schmecken nicht nur besser, sie unterstützen ansässige Landwirte, benötigen weniger Energie bei der Lagerung und motivieren die Köche dazu, kreativ zu werden. Wenn Sie nicht sicher sind, was vor Ort angebaut wird oder was gerade in Saison ist, fragen Sie den Kellner. Eine nachhaltige Meeresfrüchte-App wie Seafood Watch (www.seafoodwatch.org) kann ebenfalls hilfreich sein.

Versuchen Sie die vegetarische Option
Die Fleischindustrie macht mehr als 14 % der weltweiten Treibhausgase aus. Dem können Sie entgegensteuern, indem Sie öfter vegetarisch oder vegan speisen. Mit HappyCow (www.happycow.net) lassen sich pflanzenbasierte Restaurants und Supermärkte in über 180 Ländern lokalisieren.

Bestellen Sie nur, was Sie auch aufessen können
Beginnen Sie mit einem Gang und ordern Sie nach, bis Sie satt sind. Am Büfett füllen Sie den Teller nur mit dem, was Sie essen können. Einige Büfett-Restaurants haben Ermäßigungen für sauber hinterlassene Teller, auch das spart Geld.

Scheuen Sie sich nicht, nach Variationen zu fragen
Es tut keinem weh, nachzufragen, ob der Koch gewisse Sonderwünsche erfüllen kann – wie eine kleinere Menge Reis oder das Weglassen eines ungewollten Gemüses. Das erhöht die Wahrscheinlichkeit, dass Sie Ihre Portion aufessen, und verringert die Verschwendung von Nahrungsmitteln.

Nutzen Sie Ihr abfallfreies Reiseset
Ein wiederverwendbarer Nahrungsmittelbehälter und Besteck sind perfekt für das Essen auf der Straße. Haben Sie ihn vergessen, verwenden Sie das Wegewerfbesteck ein weiteres Mal.

Trennen Sie Nahrungsmittelabfälle richtig

Statt Verpackungen in die Restmülltonne zu werfen, erkundigen Sie sich nach Recycling-Möglichkeiten. Oder nehmen Sie den Müll mit – eines der Prinzipien der Leave-no-Trace-Bewegung – bis zur nächsten Destination, die dergleichen anbietet.

Soziale Dining-Apps für Ihre nächste Reise

Sie haben Probleme, am Reiseziel authentisches Essen zu finden? Geben Sie einem Einheimischen die Chance, Sie zu bekochen.

Eatwith: Buchen Sie Mahlzeiten, Food-Touren und andere kulinarische Aktivitäten mit Einheimischen in über 130 Ländern. www.eatwith.com

Traveling Spoon: Überlegen Sie, einen Kochkurs oder einen Marktbesuch zu einer Buchung für ein zu Hause gekochtes Mahl hinzuzufügen. www.travelingspoon.com

ChefsFeed: Die Neuauflage der Feastly-App verbindet Feinschmecker mit Food-Erlebnissen von Chefköchen in den USA. www.chefsfood.com

Billiges Essen!

Helfen Sie mit, die Verschwendung von Lebensmitteln zu minimieren, indem Sie sich ein kostenloses oder preisreduziertes Gericht sichern.

Too Good to Go: Ergattern Sie sich ermäßigte unverkaufte Lebensmittel von Geschäften und Restaurants in 13 europäischen Ländern. www.toogoodtogo.com

Olio: Schließen Sie sich mit Nachbarn und lokalen Geschäften auf aller Welt zusammen, die gern ungewolltes Essen abgeben. Updaten Sie unterwegs Ihren Heimat-Standort. www.olioex.com

Food For All: Sichern Sie sich 50 % günstigere Gerichte zum Mitnehmen von New Yorker und Bostoner Restaurants, die nach Ladenschluss noch Reste übrighaben. www.foodforall.com

Karma: Die App verbindet Kunden mit Restaurants in Großbritannien, Schweden und Frankreich, die überschüssige Mahlzeiten zu ermäßigten Preisen ausgeben. www.karma.life

ESSEN, DAS SIE VERMEIDEN SOLLTEN

Neue Lebensmittel zu probieren zählt zu den großen Reisefreuden. Doch bedenken Sie, dass kulinarische Traditionen nicht immer dem Prinzip Nachhaltigkeit entsprechen.

★ **Zibet-Kaffee:** Auch als *kopi luwak* bekannt. Die Kaffeebohnen werden von in Käfigen gehaltenen Zibetkatzen wieder ausgeschieden.

★ **Foie gras:** Französische Delikatesse (in New York ab 2022 verboten), wird aus den vergrößerten Lebern von Enten und Gänsen hergestellt, die über eine Sonde zwangsernährt werden.

★ **Buschfleisch:** Dieses Fleisch (üblicherweise auf lokalen Märkten angeboten) wird meist illegal gejagt und stammt oft von gefährdeten Arten.

★ **Schlangenwein:** Das südostasiatische Elixier wird typischerweise gewonnen, indem man eine lebende Schlange in einer Flasche Alkohol ertränkt.

★ **Traditionelle chinesische Medizin:** Durch viele Zubereitungen aus tierischen Körperteilen stehen bestimmte Arten kurz vor dem Aussterben.

★ **Exotische Delikatessen:** Gerichte wie Wal- oder Haifischflossensuppe, oft illegal gefangen. Selbst wenn die Speise im Reiseland legal ist, sind die Erzeugermethoden oft barbarisch.

Sechs Tipps für einen nachhaltigeren Urlaub mit wilden Tieren

Seit immer mehr dunkle Wahrheiten über touristische Naturerlebnisse ans Tageslicht kommen, ist es noch wichtiger geworden, sich nach nachhaltigen Optionen umzusehen. Setzen Sie sich mit der Frage auseinander, was Wildlife-Tourismus eigentlich bedeutet.

»Was man immer im Hinterkopf behalten sollte, ist, dass wilde Tiere keine Unterhaltungskünstler sind«, sagt Ben Pearson, Senior Campaign Manager für den australischen Ableger von World Animal Protection (www.worldanimalprotection.org).

»Wenn Sie im Urlaub wilde Tiere sehen möchten, begeben Sie sich am besten dorthin, wo man diese in freier Wildbahn erleben kann. Die zweitbeste Option ist ein legales Naturschutzreservat, das nichts außer Beobachtungen anbietet, damit die Tiere ihre natürlichen Verhaltensweisen an den Tag legen können.«

© BLUEORANGE STUDIO / SHUTTERSTOCK

Das klingt wie eine große Einschränkung, doch das beste Naturerlebnis ist das, wo die Tiere sich genauso wohl in Ihrer Anwesenheit fühlen wie Sie sich in der der Tiere. Mit den folgenden Tipps werden Sie dieses Verhältnis nicht aus dem Gleichgewicht bringen.

Halten Sie Abstand

»Wenn eine Attraktion damit wirbt, ein wildes Tier zu reiten, anzufassen oder mit ihm ein Selfie zu schießen, dann besteht eine reelle Chance, dass diesem Tier Grausamkeit widerfahren ist«, sagt Pearson. Elefantenritte, Schwimmen mit Delfinen in Gefangenschaft und Interaktionen mit Großkatzen gehen auf Kosten des Tierwohls. Selbst harmlos erscheinende Begegnungen wie der Besuch

© REISEGRAF.CH / SHUTTERSTOCK

eines Igel-Cafés können fatale Folgen haben.

»Kleinere Tiere können nicht gut damit umgehen, wenn sie angefasst werden«, sagt Pearson. »Faultiere zum Beispiel, die in der Tourismusindustrie eingesetzt werden, sterben in Gefangenschaft typischerweise innerhalb von sechs Monaten.«

Die Alternative? Tiere lassen sich in freier Wildbahn auf spannenden Wander- und Autosafaris mit ausgebildeten Führern beobachten. Das gewährleistet die Sicherheit von Tieren und Besuchern.

Legale Naturschutzreservate
Dank Naturschutzreservaten lassen sich seltene Tierarten beobachten und studieren. Doch es zahlt sich aus, genau zu untersuchen, ob das anvisierte Schutzreservat im wahrsten Sinne des Wortes Schutz bietet. Neben Kontaktverboten sollten legale Reservate auch über adäquate Gehege verfügen.

»Überprüfen Sie, ob die Tiere ausreichend Platz für Bewegung haben und natürliche Verhaltensweisen aufweisen«, sagt Pearson. »Gibt es Schutz vor der Witterung und einen Rückzugsort vor den Besuchern?«

Wilde Tiere nicht füttern
Trotz Ihrer besten Intentionen kann das Füttern von Wildtieren viel Schaden anrichten. »Das wiederholte Füttern macht die Tiere für die Nahrungsmittelbeschaffung vom Menschen abhängig, was auch zu Aggression führen kann«, sagt Pearson. Wildtiere zu füttern kann diese krank machen und das Reproduktions- und Migrationsverhalten durcheinanderbringen.

Vorsicht vor Grauzonen
Sogenannte nachhaltige Alternativen für Aktivitäten bergen oft neue Probleme.

»Elefantenwäschen sind ein bekanntes Beispiel«, sagt Pearson. »Viele glauben, dies sei im Vergleich zum Reiten die bessere Wahl, doch man braucht ein hohes Maß an Kontrolle über das Tier. Da Schlamm ein wichtiges Sonnenschutzmittel ist, kann sich das Waschen zudem negativ auf das Tierwohl auswirken.«

Keine tierischen Souvenirs
Der Verzicht von Reiseandenken, die aus Wildtieren hergestellt sind, ist ebenfalls wichtig für das verantwortungsbewusste Reisen. Für weitere Informationen zum Thema blättern Sie zur S. 60.

Sagen Sie Ihre Meinung
»Die Misshandlung von Tieren publik zu machen, zählt zu den besten Mitteln, um diese zu beenden«, sagt Pearson, der vorschlägt, das Problem respektvoll beim Betreiber anzusprechen und das Erlebnis über die sozialen Medien mit Freunden und der Familie zu teilen.

»Wir wissen, dass die meisten Gäste diese Aktivitäten ausüben, weil sie Tiere lieben«, sagt Pearson. »Wenn die Leute noch vor der Buchung erfahren, welche Auswirkungen sie auf das Tierwohl haben, verringert sich die Wahrscheinlichkeit, dass sie krude Betriebe unterstützen und daran teilnehmen.«

ÖKOTRICK

Erfahren Sie mehr über die gefährdeten Tiere in Ihrem Reiseland und melden Sie Verdachtsfälle von illegalem Tierhandel mithilfe der App Wildlife Witness, die von der nichtstaatlichen Organisation Traffic entwickelt wurde. www.wildlifewitness.net

TIERDOKUS, DIE MAN SICH ANSEHEN SOLLTE

- ★ **Love & Bananas (2018):** Dieser Film beleuchtet anhand der Rettung eines Dickhäuters in Thailand die Praxis, Asiatische Elefanten für den Tourismus in Gefangenschaft zu halten.
- ★ **Blood Lions (2015):** Die Verbindung zwischen Südafrikas falschen Löwenreservaten und der Jagdtourismusindustrie wird in dieser schwer verdaulichen Dokumentation entlarvt.
- ★ **Blackfish (2013):** Durch das Elend des SeaWorld-Killerwals Tilikum zeigt die spannende Dokumentation die Grausamkeit gegenüber Walen in Gefangenschaft auf.

Wie man als Hotelgast umweltbewusst handelt

Ein nachhaltiges Hotel zu buchen, ist ein toller erster Schritt. Doch auch nach dem Check-in kann man den Fußabdruck verringern und helfen, den CO_2-Ausstoß der Hotelbranche zu drücken, der momentan 1 % des Gesamtvolumens ausmacht.

Handeln Sie wie zuhause
Verlangen Sie möglichst keine frischen Handtücher und Bettwäsche, duschen Sie nur kurz und vergessen Sie nicht, Fernseher, Lichter und die Klimaanlage auszuschalten, wenn sie nicht in Gebrauch sind.

Verwenden Sie »Bitte nicht stören«
Ist die Zimmerreinigung wirklich notwendig? Falls nicht, hängen Sie vor Verlassen des Zimmers das Schild an die Tür. So verhindern Sie, dass Bettwäsche und Handtücher unnötig gewaschen werden.

Nutzen Sie umweltverträgliche Angebote
Einige Hotels bieten Verzehrgutscheine und andere Anreize für Gäste, die auf die Zimmerreinigung verzichten oder öffentlich statt mit dem Auto anreisen. Machen Sie davon Gebrauch.

Widerstehen Sie den Einwegtoilettenartikeln
Nur weil die Wasserflaschen, Minitoilettenartikel und andere Wegwerfannehmlichkeiten kostenlos sind, heißt das nicht, dass sie nicht schädlich sind. Bringen Sie Ihre eigenen nachhaltigen Produkte mit.

ÖKOTRICK

Wenn Sie im Hotelzimmer den Vorhang tagsüber geschlossen halten, entlasten Sie die Klimaanlage. Am Abend kann man auf die gleiche Weise die warme Luft im Zimmer halten, was weniger Heizen erfordert.

Speisen Sie im Haus
Werden im Hotelrestaurant lokale (oder, besser noch, selbstangebaute) Lebensmittel verarbeitet, zeigen Sie Ihre Unterstützung mit einem Besuch.

Unterhalten Sie sich mit dem Personal
Nachhaltige Hotels schaffen faire Arbeitsangebote für Ortsansässige. Wenn Sie keine Einheimischen in den verschiedenen Positionen entdecken, obwohl das Hotel behauptet, sich für die lokale Gemeinschaft einzusetzen, fragen Sie nach.

Mischen Sie sich ein
Anbieter, die lokalverträglich agieren, ermöglichen Gästen den Zugang zu nachhaltigen Touren vor Ort und richten möglicherweise sogar positive Aktivitäten wie Strandsäuberungstage aus.

Geben Sie etwas zurück
Unterstützt Ihr Hotel eine wohltätige Organisation vor Ort? Erwägen Sie eine Spende oder bieten Sie eventuell ehrenamtlich Ihre Dienste an.

Verwenden Sie Ihr Pool-Handtuch mehrmals
Sparen Sie unnötige Waschgänge, indem Sie Ihr Poolhandtuch am Ende des Tages zur Wiederverwendung mit aufs Zimmer nehmen, sofern Ihr Hotel dies erlaubt.

Bringen Sie Ihre eigene Wasserflasche mit
Hotel-Fitnessräume und Spas sind berüchtigt dafür, Einwegplastikbecher auszugeben. Nehmen Sie Ihre Flasche mit, damit Sie davon nicht abhängig sind.

Erkundigen Sie sich über die Trinkgeldetikette
Auch wenn es für Gäste aus Ländern, wo Trinkgeld nicht üblich ist, schwer zu akzeptieren ist: Das Reinigungspersonal in Ländern mit niedrigen Mindestlöhnen (zum Beispiel die USA) ist davon abhängig. Trinkgeldratgeber findet man online.

Machen Sie den Mund auf
Sie hatten die Badetücher extra zurückgehalten, doch sie wurden dennoch gewaschen, obwohl dies nicht der Umweltpolitik des Hotels entspricht? Oder verwendet der Barkeeper Plastikstrohhalme? Melden Sie Ihre Kritik, das kann zum Umdenken anregen.

Teilen Sie die positiven Erlebnisse
Hatten Sie einen schönen Aufenthalt? Schreiben Sie eine Onlinebewertung. So können Sie umweltbewussten Reisenden helfen, gut informierte Entscheidungen über Hotels zu treffen.

DAS ENDE DER EINWEG-TOILETTENARTIKEL?

2019 kündigte die Hotelgruppe InterContinental, deren Portfolio über 5600 Hotels und 843 000 Zimmer umfasst, an, Einwegtoilettenartikel durch Spenderflaschen zu ersetzen. Dieser bis 2022 in Kraft tretende Entschluss wird 200 Millionen Fläschchen pro Jahr einsparen.

Lokale Angebote unterstützen Einheimische

Ein Tourismusprodukt zu wählen, das die lokale Gemeinschaft fördert, kann mehr Nachforschungen und Vorbereitung verlangen. Doch gleichzeitig unterstützt man das Gastgeberland und sammelt dabei unbezahlbare Urlaubserinnerungen.

© SOLSTOCK / GETTY IMAGES

Die Tourismusindustrie stellt weltweit fast einen von zehn Arbeitsplätzen zur Verfügung, was, so das World Travel and Tourism Council, vor allem den meist in der Gesellschaft Benachteiligen zugutekommt. Während man in die einheimische Kultur eintaucht, kann man positiven Einfluss ausüben. Wer bei Gastfamilien und in lokal geführten Gästehäusern anstelle von großen Hotelketten übernachtet, lässt das Geld direkt in die Taschen der Gemeinschaft fließen. In lokale Restaurants einzukehren und vor Ort hergestelltes Handwerk zu kaufen, hilft dabei, die Kultur zu bewahren und Arbeitsplätze für Einheimische zu schaffen. Wenn Sie jemanden benötigen, der Ihnen die Gegend zeigt, wählen Sie einen Führer aus, der vor Ort wohnt und jeden Winkel aus dem Effeff kennt.

VON ORTSKUNDIGEN HERUMGEFÜHRT

Diese Webseiten bringen Reisende mit kleinen, unabhängigen Unternehmen oder individuellen lokalen Experten zusammen.

★ **City Unscripted:** Buchen Sie eine alternative Stadtführung (mehr als 40 Städte weltweit) oder stellen sich Ihre eigene zusammen. www.cityunscripted.com

★ **Embark.org:** Wählen Sie Ihr individuelles Outdoorabenteuer mit Adrenalinjunkies aus aller Welt. www.embark.org

★ **Showaround:** Engagieren Sie einen Einheimischen, der Sie herumführt. www.showaround.com

★ **ToursByLocals:** Durchstöbern Sie Reisepläne von Ortskundigen in 159 Ländern, oder kreieren Sie mit jemandem eine maßgeschneiderte Führung. www.toursbylocals.com

★ **Urban Adventures:** Buchen Sie Tagesausflüge mit Einheimischen in 160 Städten auf der ganzen Welt. www.urbanadventures.com

★ **Withlocals:** Wählen Sie lokal geführte Touren (Asien, Europa, Afrika), Schwerpunkt Kulinarik. www.withlocals.com

© SARAH REID

ÖKOTRICK

Bei G Adventures' Living Local Tours sollen Reisende das einheimische Leben jenseits der Touristenzentren erleben, zum Beispiel per Agritourismus, Unterbringungen in Gastfamilien, Gastaufenthalte im Dschungel und sogar in mongolischen gers (Jurten). www.gadventures.com

Sollte man typische Touri-Orte besuchen?

Einige der beliebtesten Touristenziele sind dermaßen überfordert, dass die Anwohner darum bitten, von einem Besuch abzusehen. Soll man sich daran halten? Bei Orten, wo der Fremdenverkehr eine wichtige Einnahmequelle darstellt, würde der komplette Verzicht schlimme Auswirkungen auf den lokalen Arbeitsmarkt haben. Wenn Sie einen Besuch erwägen, reisen Sie in der Nebensaison und wählen Sie Unterkünfte, die keine unmittelbaren negativen Folgen für die Anwohner haben (etwas, was vor allem Kurzzeitvermietungen von Ferienapartments in Wohngegenden vorgeworfen wird).

Der Agritourismus-Trend

Wenn Sie jemals in einem umgebauten Milchbetrieb auf dem englischen Land übernachtet, Selfies auf Sonnenblumenplantagen in Australien geknipst oder zwischen Ihren Zehen Weintrauben in Südfrankreich zerquetscht haben, dann haben Sie (möglicherweise unbewusst) am Agritourismus teilgenommen. Diese Branche liegt im Trend, denn Reisende wünschen sich heutzutage immer öfter, die Umwelt und die Herkunftsorte von Erzeugnissen hautnah zu erfahren.

Ob ein Café auf einem Bio-Bauernhof, ein Milchbetrieb, bei dem man Kühe melken kann, oder eine Ranch, die auf idyllischem Brachland temporäre Unterkünfte anbietet, der Agritourismus bietet neue Eindrücke und Erfahrungen und unterstützt dabei gleichzeitig die lokalen Landwirte. Diese zusätzlichen Einkommensströme können fundamental wichtig sein für den bestehenden Erfolg kleiner nachhaltiger Erzeuger, die sich oftmals gegen industrielle Großbetriebe behaupten müssen, die größere Mengen zu niedrigeren Preisen mittels weniger nachhaltiger Anbaumethoden produzieren können. Sie wollen auf einem Bauernhof nur für Kost und Logis auszuhelfen? Schauen Sie mal bei WWOOFing (www.wwoof.org).

GEBEN SIE ETWAS ZURÜCK

Fördern Sie in den von Ihnen besuchten Gemeinschaften Sozialprojekte und andere Gemeinschaftsinitiativen. Für weitere Tipps, wie man auf Reisen etwas zurückgeben kann, siehe S. 68.

Die Macht des gewissenhaften indigenen Tourismus

Bei verantwortungsvollem indigenen Tourismus kann man Urvölker authentisch kennenlernen. Dies lässt den Besucher mit faszinierenden Einblicken und einem größeren Respekt für das kulturelle Erbe des Reiselandes zurück. Dafür hält Ihre Teilnahme Kunst, Handwerk und Traditionen der Gemeinschaften für zukünftige Generationen lebendig.

© EVANTRAVELS / SHUTTERSTOCK

Wie haben sich die Aborigines anhand der schwarzen Lücken zwischen den Sternen leiten lassen und wie trotzen die kanadischen Inuit dem arktischen Winter? Der wohl beste Grund für indigenen Tourismus ist der, dass wir von den Urvölkern dieser Welt lernen können. Eine Lektion von jedem indigenen Volk, das Sie besuchen: Die Erde wurde uns nicht geschenkt, sondern wir sind lediglich die Wächter, die sie für die nächste Generation bewahren.

Indigener Tourismus kann den Urvölkern dieser Welt zwar sehr zugutekommen und das interkulturelle Verständnis fördern, kann aber

© CLIQUEIMAGES / GETTY IMAGES

DER ART CODE

Bis zu 80 % der Aborigine-Kunst, die an Touristen vermarktet wird, soll angeblich gefälscht sein, so das Arts Law Centre of Australia. Umgehen Sie Kopien, indem Sie Kunstwerke direkt beim Künstler oder in angesehenen Galerien kaufen, die mit Branchenorganisationen wie dem Indigenous Art Code zusammenarbeiten. www.indigenousartcode.org

das soziale Gleichgewicht der Gemeinschaften stören. Während die Nachfrage nach indigenen Tourismuserlebnissen steigt, muss man genau prüfen, dass das Erlebnis tatsächlich respektvoll ist, die indigenen Gruppen an der Erfahrung beteiligt sind und von der Durchführung profitieren.

In Neuseeland listen sowohl die nationale Tourismusbehörde (www.newzealand.com) als auch Maori Tourism (www.maoritourism.co.nz) eine Vielzahl von Maori-geführten Touren auf. In Kanada findet man bei der Aboriginal Tourism Association of Canada (www.indigenouscanada.travel) Touren von drei bis neun Tagen, von Aufenthalten in Dörfern zu Ausflügen in die Wildnis der Arktis, alle von indigenen Anbietern realisiert. In Western Australia ist das Australian Indigenous Tourism Operators Council (www.waitoc.com) eine tolle Anlaufquelle für von Aborigines betriebene Angebote. In Nordeuropa sind die Touristikwebseiten www.swedishlapland.com, www.visitnorway.com und www.visitfinland.com praktische Hilfsmittel, um Erlebnisse in der Gemeinschaft zu buchen.

In unserer immer technischer werdenden Welt ist es keine Überraschung, dass Reisende dazu bereit sind, für einen Einblick in das Leben traditionell lebender Gruppen zu zahlen. Leider sind viele ethnische Dörfer von Touranbietern ausgebeutet

BESUCHEN SIE INDIGENE VÖLKER RESPEKTVOLL

Verantwortungsvoller Anbieter: Diese sind transparent in Bezug auf die finanziellen und anderen Vorteile, die die Gemeinschaft genießt, mit der man zusammenarbeitet. Tipps finden Sie auf S. 26.

Gesundheit: Die Immunabwehr der indigenen Bevölkerung gegen eingeschleppte Krankheiten kann geschwächt und selbst ein Schnupfen tödlich sein.

Einverständnis: Das Land, auf dem indigene Völker leben, sollte niemals ohne die freie und aufgeklärte Zustimmung betreten werden. Erlaubnis sollte außerdem vor dem Fotografieren eingeholt werden.

Seien Sie respektvoll: Verantwortungsbewusste Touranbieter klären vor dem Besuch der Gemeinschaft über die Etikette auf. Wenn Sie keine Einweisung erhalten, fragen Sie nach, wie man sich am besten verhält.

Verteilen Sie nicht einfach Gaben: Fragen Sie Ihren Anbieter im Voraus, ob das Dorf bestimmte Waren benötigt, die man an einen Ältesten übergeben kann.

Verzichten Sie auf den Schulbesuch: Vergessen Sie nicht, dass Kinder keine Tourismusattraktionen sind.

Kaufen Sie Handarbeiten: Der Kauf von traditioneller Kunst oder Handarbeiten, die von den Mitgliedern der Gemeinschaft zu fairen Preisen hergestellt wurden, unterstützt das Dorf und seine Traditionen.

Zahlen Sie angemessene Preise: Indigene Gemeinschaften sollten für ihre Dienstleistungen entschädigt werden. Dazu gehört auch die Erlaubnis, das Land zu betreten.

© HOMO COSMICOS / SHUTTERSTOCK

ÖKOTRICK

Besuchen Sie indigene heilige Stätten auf der ganzen Welt mit Respekt, indem Sie die Richtlinien beachten, die von der Freiwilligenorganisation Sacred Sites International Foundation aufgestellt wurden. www.sacred-sites.org

NICHT NACHHALTIGE INDIGENE TOURISMUS-ERLEBNISSE, DIE MAN VERMEIDEN SOLLTE

- ★ Dorfbesuche, die als Fotostopp oder Einkaufstrips angepriesen werden.
- ★ Aufführungen von Kindern, bei denen Trinkgelder erwartet werden.
- ★ Indigene Erlebnisse, die ohne triftigen Grund von nicht indigenen Personen angeleitet werden.

worden, die nach schnellem und leichtem Profit gieren. Reisende haben dazu beigetragen, indem sie den Besuch ethnischer Dörfer lediglich als eine Fotomöglichkeit betrachtet haben anstatt als Gelegenheit, sich mit indigenen Völkern und ihrer Kultur auseinanderzusetzen. Einige Hügelvolk-Dörfer in Nordthailand wurden als »menschliche Zoos« beschrieben, wo die Stammesangehörigen gezwungen wurden, traditionelle Kleidung zu tragen und für Fotos zu posieren. Die wachsende Beliebtheit sogenannter Menschensafaris, entwickelt, um zurückgezogen lebende indigene Stämme wie die Mashco-Piro in Peru »auszuspähen«, ist ebenfalls problematisch. Der Tod des amerikanischen Abenteuerbloggers und Missionars John Allen Chau 2018 durch einen isoliert lebenden sentinelischen Stamm, den er illegal auf den indischen Andameninseln besucht hatte, ist nur ein Beispiel dafür, welch schwerwiegende Folgen diese Form des ethnischen Tourismus haben kann.

Doch die Besuche ethnischer Dörfer können respektvoll und nachhaltig gestaltet werden. In Namibia erlauben es »lebende Museen«, die von San-Gemeinschaften betreut werden, afrikanischen Urvölkern, ihre Kultur durch bedeutungsvolle Erwerbsarbeit auszuleben. Wählen Sie Ihre Erlebnisse mit Bedacht aus, damit jeder davon profitiert.

AUTHENTIZITÄT DES URSPRUNGS

2018 drängten Vertreter der in Finnland lebenden indigenen Sámi die Urlauber, in Lappland keine Iglus mehr zu besichtigen oder Husky-Schlitten zu fahren mit der Begründung, dass nicht-indigene Traditionen als authentisch verkauft würden, was einer Ausbeutung ihrer Kultur gleichkommt.

Wie man verantwortungsvoll fotografiert

»Wenn man jemanden nach einem Porträt fragt, geht es nicht mehr darum, was man selbst will, sondern darum, was der andere bereit ist, von sich selbst preiszugeben«, so die preisgekrönte Reisefotografin Lola Akinmade Åkerström (Bild rechts). Hier sind ihre wichtigsten Tipps für das respektvolle Fotografieren von Menschen.

★ **Machen Sie Ihre Hausaufgaben:** Eignen Sie sich die kulturellen Normen und Tabus des Ziellandes in Bezug auf die Interaktionen insbesondere mit indigenen einheimischen Personen an. Der Respekt beginnt bereits vor Abreise.

★ **Fragen Sie nach Einwilligung:** Bitten Sie die Person, die Sie knipsen möchten, ausdrücklich um Erlaubnis. Bei Kindern holen Sie zunächst das Okay der Eltern oder des Vormunds ein.

★ **Nennen Sie Ihren Namen:** Respekt sollte das Fundament eines jeden Kontakts sein. Stellen Sie sich den Menschen vor, die Sie fotografieren wollen, und machen Sie keine heimlichen Schnappschüsse.

★ **Würdigen Sie die Arbeit:** Zeigen Sie, dass Sie wertschätzen, was den Leuten wichtig ist. Ob Künstler oder Fischverkäufer, Zeit zu investieren, um die Arbeit des Gegenübers zu beobachten oder sogar daran teilzunehmen, kündet von Respekt. Die Interaktion erhöht zudem die Wahrscheinlichkeit für aussagekräftige Fotos.

★ **Lächeln Sie:** Ein Lächeln lässt Ihr Fotomotiv wissen, dass Sie in freundlicher Absicht kommen. Wenn Sie Kinder fotografieren, vergessen Sie nicht, dass diese gern unterhalten werden – beginnen Sie mit einem breiten Grinsen und warten Sie ab, was sich daraus entwickelt.

★ **Seien Sie geduldig:** Wenn Sie Ihre Subjekte so weit öffnen wollen, dass Sie sich für ein Foto zur Verfügung stellen, seien Sie aufgeschlossen und zeigen Sie Interesse an der Person und an ihrem Leben.

★ **Liefern Sie den Kontext:** Was bedeutet diese Haltung? Wie wird posiert? Ist da Stolz zu erkennen? Versuchen Sie, genau dies abzubilden und mit dem Foto zu vermitteln. Probieren Sie, die Umgebung einzufangen, denn sie ist ebenfalls Teil der Geschichte.

★ **Ändern Sie Ihre Disposition:** Einen völlig Fremden dazu zu bringen, sich lang genug zu entspannen, damit man flüchtigen Zugang zu seiner

© MATT DUTILE / LONELY PLANET

Welt erhält, zählt zu den schwierigsten Aspekten der Reisefotografie. Ich habe festgestellt, dass die Art, wie ich die Kamera halte, in unterwürfiger Pose mit beiden Händen und mit dem Objektiv nach unten gerichtet, mich weniger bedrohlich erscheinen lässt und das Subjekt in dieser kurzen Beziehung sofort in eine Machtposition versetzt. Man kann Selbstbewusstsein ausstrahlen und gleichzeitig Demut zeigen.

© MATT MUNRO / LONELY PLANET

★ **Verlagern Sie den Fokus:** Besonders beim Fotografieren von Kindern ist es sinnvoll, den Fokus von einem einzelnen Kind auf die Gruppe zu verlegen. Selbst das wildeste und lebhafteste Kind kann sich davon einschüchtern lassen, wenn es sich von einem Erwachsenen in die Ecke gedrängt fühlt. Indem man das Hauptaugenmerk von einem einzelnen Kind nimmt und auf mehrere umschwenkt, dabei aber gleichzeitig das Hauptsubjekt »anfokussiert«, kann man die Atmosphäre des Reiseporträts verbessern.

★ **Knipsen Sie von unten oder auf Augenhöhe:** Fotografieren Sie immer auf Augenhöhe oder leicht von unten. Nicht nur erreicht man so intimere Fotos, man schafft auch eine gleichgestellte Verbindung statt eines »Herabschauens« auf das Subjekt.

★ **Kaufen Sie etwas:** Wenn die Person, die Sie fotografieren möchten, Handarbeiten oder Waren verkauft, zeigt man durch den Kauf seine Dankbarkeit. Außerdem: Je mehr Sie das Gegenüber würdigen, desto weniger werden Sie als Fremder betrachtet, zu dem man keine emotionale Verbindung hat.

★ **Halten Sie Ihr Versprechen:** Wenn Sie zugesagt haben, Ihrem Subjekt entweder eine Kopie des Fotos zu schicken oder eine andere Gegenleistung zu erbringen, dann halten Sie sich daran. Bedanken Sie sich für Zeit, Einsatz und Energie und beweisen Sie, dass man sich auf Ihre Zusagen verlassen kann.

VERANTWORTUNGSVOLLE NATURFOTOGRAFIE

Folgen Sie dem Wildlife-Photographer-of-the-Year-Regelbuch des britischen Natural History Museums: Keine in Gefangenschaft gehaltenen oder angebundenen Tiere zeigen. Ebenfalls sollte man beim nachhaltigen Fotografieren in freier Wildbahn keine Tiere zusammentreiben, bei nachtaktiven Tieren kein Blitzlicht verwenden und sich von Nestern und Schlafhöhlen fernhalten (denn das kann dazu führen, dass die Eltern ihre Jungtiere aufgeben).

© JONATHAN GREGSON / LONELY PLANET

Tipps für nachhaltige Reisesouvenirs

Der Begriff Souvenir stammt vom französischen Wort se souvenir *(sich erinnern). Andenken sammelt man zweifellos am besten in Form von Erinnerungen. Wenn Sie dennoch kleine Urlaubsmitbringsel kaufen, machen Sie sich ein paar Dinge bewusst.*

Das weltweite Geschäft mit Souvenirs setzt mehrere Milliarden Dollar um und stellt eine wichtige Einkommensquelle für lokale Kunsthandwerker dar. Doch die überwiegend unregulierte Branche macht es beinah unmöglich, die Schwemme an billigen Importen aufzuhalten, die den Absatz wahrer Kunstgewerbler untergraben und große Schäden anrichten. Unterstützen Sie durch den Einkauf von Souvenirs die von Ihnen besuchten Gemeinschaften. Wählen Sie Artikel aus, die Sie regelmäßig nutzen und die Sie lange wertschätzen werden.

Mit Bedacht ausgewählte Souvenirs sind ein Stück lokale Kultur zum Mitnehmen. Das Beste daran ist, dass der Kauf eines vor Ort hergestellten Produkts einen wirtschaftlichen Anreiz bietet, ein Gewerbe oder ein Handwerk weiterzuführen, das andernfalls aussterben würde – beispielsweise Kutnu-Stoffe aus der Türkei, Keramik aus Usbekistan oder die farbenfrohen Kunaa-Matten von den Malediven.

© MATT MUNRO / LONELY PLANET

Souvenirs, nach denen man schauen sollte

★ Nachhaltig produzierte und fair bepreiste Waren und nützliches Kunsthandwerk, am besten direkt vom Künstler. Bevorzugen Sie Tradition vor Trend.

★ Kunststofffreie nachhaltige Konsumgüter – Flaschen mit russischem Wodka oder italienischem Trüffelöl halten vielleicht nicht lange vor, doch sie verursachen wenig Abfall, und Freunde und Familie werden sie mindestens genauso sehr zu schätzen wissen.

★ Praktisches aus recycelten Materialien wie Plastik oder Papier, die weiteres Recyceln anregen.

★ Nützliche, nachhaltige Souvenirs von lokalen wohltätigen Organisationen, sodass Sie wissen, wofür Ihr Geld verwendet wird.

★ Bekleidung und andere Secondhandartikel, besonders von gemeinnützigen Geschäften.

★ Ethische und nachhaltige Mode und Haushaltswaren. Mit der App von Good on You (www.goodonyou.eco) lassen sich solche Geschäfte auf der ganzen Welt ausfindig machen.

★ Halten Sie Ausschau nach Sozialboutiquen, die Einheimischen nachhaltige Beschäftigung bieten und damit letztlich der gesamten Gemeinschaft dienen. Wählen Sie, wann auch immer möglich, Artikel aus nachhaltigen Naturmaterialien.

★ Ein Kochkurs im Ausland bereichert Sie mit Rezepten, die Sie zuhause mit Freunden oder der Familie nachkochen können.

© MATT MUNRO / LONELY PLANET

ÖKOTRICK

Anstatt sich fragile Reiseandenken in Luftpolsterfolie und Plastik-Klebeband einwickeln zu lassen, nutzen Sie zum Schutz für den Transport nach Hause eine saubere Socke oder einen Schal.

Souvenirs, die man vermeiden sollte

★ Schmuck und andere Artikel, die aus Korallen und Muscheln gefertigt werden. Die Aus- oder Einfuhr dieser Produkte kann zudem illegal sein.

★ Schmuck mit Edelsteinen, außer es gibt ein gültiges Zertifikat zur Herkunft.

★ Artikel aus tierischen Produkten, es sei denn, man ist sich 100 % sicher, dass diese umweltverträglich und nachhaltig bezogen wurden. Glauben Sie nicht den Zusicherungen des Verkäufers. Das gilt vor allem für Schildpatt, Vogelfedern, Säugetierhörner, Pelze und Reptilienleder.

★ Produkte, die in Verbindung mit Tierquälerei stehen (siehe S. 47).

★ Nicht nachhaltige Produkte wie Kaviar, dessen Konsum die Existenz des Störs bedroht.

★ Gegenstände, die aus gefährdeten oder knappen Quellen wie exotischen Hölzern hergestellt werden (wie Ebenholz und Rosenholz).

★ Billige, massenproduzierte Souvenirs wie lustige Schlüsselanhänger oder T-Shirts. Diese werden meist im Ausland aus qualitativ schlechten, nicht nachhaltigen Materialien gefertigt. Die günstigen Preise stellen außerdem eine Bedrohung für die lokale Handwerkskunst dar.

★ Gefälschte Markenware. Die Herstellung unterstützt kriminelle Industrien und reicht selten an das Original heran, was zur Folge hat, dass die Artikel nicht lange halten.

★ Antike Artefakte. Der Kauf solcher Gegenstände befeuert nicht nur den Markt der illegalen Beschaffung, die meisten Museen weigern sich, Objekte, die Sie »gerettet« haben, anzunehmen, wenn diese nicht lückenlos nachzuverfolgen sind.

★ Produkte aus Souvenirgeschäften, die in Massentouren angesteuert werden. Es ist sehr wahrscheinlich, dass der Anbieter eine höhere Kommission einstreicht als der Handwerkskünstler.

★ Alles, was von Kindern verkauft wird, denn dies bestärkt die Kinderarbeit.

WENN SIE UNSICHER SIND …

★ Überprüfen Sie Herstellungsort und verwendete Materialien auf dem Etikett.

★ Fragen Sie nach. Ein Verkäufer mit guten Absichten antwortet Ihnen gern.

★ Vertrauen Sie auf Ihr Bauchgefühl: Wirkt der Verkäufer vertrauenswürdig? Wenn Sie Zweifel haben, sehen Sie vom Kauf ab.

Wie man seine Erlebnisse verantwortungsvoller teilt

Jeder hat die Macht, andere User in den sozialen Medien zu beeinflussen. Hier erklären wir, wie man diese Macht sinnvoll einsetzt.

© JIN CHU / EYEEM / GETTY IMAGES

»Da immer mehr Leute im Netz nach Reiseinspirationen suchen, wird es immer wichtiger, was wir in den sozialen Medien posten«, sagt Ellie Cleary, Gründerin des Nachhaltigkeits-Reiseblogs Soul Travel (www.soultravelblog.com). »Man sollte sich bewusst machen, wie das Posten von Schnappschüssen wirkt.«

Helfen Sie dabei mit, Ihre Reisedestination – und andere Reisende – mit den folgenden Tipps zu schützen.

Nicht den exakten Ort taggen

»Wenn wir unsere Social-Media-Posts mit einem Geotag versehen, sind die Konsequenzen kaum absehbar«, sagt Cleary. Ein Wilderer könnte so zum Beispiel gefährdete Nashörner aufspüren. Oder der Post lockt viele Besucher zu einem entlegenen Wasserfall.

»Das Reisen in seiner besten Form sollte eine Aura des Mysteriösen haben. Helfen Sie deshalb mit, herausragende Orte zu schützen. Taggen Sie stattdessen Region oder Land«, so Clearys Vorschlag.

Ermuntern Sie nicht zu gefährlichen Handlungen

Unzählige Reisende sind bereits beim Selfie-Schießen ums Leben gekommen. Noch mehr haben sich verletzt oder sind in ernste Schwierigkeiten geraten, weil sie örtliche Gesetze ignoriert haben.

»Selbst, wenn Sie als Stuntman oder Stuntwoman ausgebildet sind, gilt das noch lange nicht für den durchschnittlichen Betrachter Ihrer Fotos und Videos. Die User stehen daher in der Verantwortung, ihr Publikum nicht zu animieren, sich der Gefahr auszusetzen«, sagt Cleary. »Wenn Sie unbedingt ein Bild von etwas posten möchten, das nicht jeder einfach so kopieren kann, liefern Sie wenigstens den entsprechenden Kontext in der Bildunterschrift.«

Respektieren Sie kulturelle Gepflogenheiten

Fragen Sie sich kritisch, ob Sie ein freizügiges Bild von sich an einem konservativen oder heiligen Ort posten oder so posieren sollten, dass die Einheimischen es als Beleidigung empfinden könnten, zum Beispiel mit nacktem Po.

»Kulturell unangemessene Urlaubsfotos zu posten ist respektlos dem Gastland gegenüber und kann die Sicherheit anderer Reisender gefährden. Zum Beispiel können Frauen in Situationen gebracht werden, wo sie sexueller Belästigung ausgesetzt sind«, sagt Cleary. »Nutzen Sie stattdessen die sozialen Medien, um darüber aufklären, was vor dem Besuch einer Destination zu bedenken ist.«

Erfragen Sie die Nachhaltigkeit von Touristikangeboten

»Bilder zu posten von grausamen, unethischen und potenziell schädlichen touristischen Erlebnissen verleiht diesen Gültigkeit«, sagt Cleary, die empfiehlt, soziale Medien zu nutzen, um Attraktionen anzuprangern, die weniger ethisch operieren als sie vorgeben.

Thematisieren Sie bewusstes Reisen in den sozialen Medien

»Jeder Nutzer sozialer Medien kann ein Fürsprecher für verantwortungsvolles Reisen sein«, sagt Cleary.

»Die sozialen Medien sind das perfekte Forum, um verantwortungsbewusste Reisetipps für die Destinationen zu teilen. Selbst wenn Sie nur zehn Follower haben, können Sie mit diesen eine Unterhaltung darüber starten, wie man einen Unterschied machen kann.«

Wählen Sie Ihre Hashtags sorgfältig aus

Hashtags helfen den Nutzern von sozialen Medien, relevante Inhalte herauszufiltern. Allgemeine Hashtags wie #responsibletourism erschweren es dem Publikum, zu erkennen, was verantwortungsbewusstes Reisen überhaupt bedeutet.

»Ich nutze Hashtags, die mit nachhaltigem Tourismus zusammenhängen, nur, wenn ich das Gefühl habe, dass mein Post dazu relevant ist, wenn es um ein soziales Projekt oder eine Ökolodge geht«, sagt Cleary. »So finden die User, die nachhaltiges Reisen per Hashtags suchen, die richtigen Inhalte.«

Gehen Sie Kollaborationen mit Bedacht ein

Cleary glaubt, dass jeder, der seinen digitalen Einfluss nutzt, um sich günstige Reiseangebote oder kommerzielle Kollaborationen zu sichern, verpflichtet ist, nachzuprüfen, dass er mit verantwortungsvollen Unternehmen zu tun hat. Dies sollte offen kommuniziert werden: »Wenn eine Firma für Ihren Post bezahlt oder Ihnen im Austausch ein Produkt anbietet, haben Sie die moralische Verpflichtung (und in vielen Ländern auch eine legale), dies offenzulegen – und das gilt für jeden, nicht nur für Nutzer sozialer Medien.«

ÖKOTRICK

Sind Sie auch ein Reiseblogger? Schauen Sie mal bei der Facebook-Gruppe Responsible Travel Bloggers vorbei (www.facebook.com/groups/responsibletravelbloggers). Hier gibt es nachhaltige Blogger-Tipps und die Möglichkeit, sich mit Gleichgesinnten auszutauschen.

Kinderschutz

Wenn wir mit Kindern in gefährlichen Situationen konfrontiert werden, beeinträchtigt unser Instinkt manchmal unsere Fähigkeit, die Lage richtig einzuschätzen. James Sutherland von Friends International, ein soziales, nicht staatliches Unternehmen zur Förderung von Kindern, teilt Tipps, wie man richtig helfen kann.

© KRIS DAVIDSON / LONELY PLANET

Bettelnde Kinder

Entwicklungsländer sind berüchtigt für die hohe Anzahl von Bettlern – besonders Kinder – in touristisch besuchten Gebieten. Das Verteilen von Geld oder sogar Süßigkeiten an bettelnde Kinder kann diese in einen Teufelskreis der Armut führen. »Tatsächlich ist es so, dass man Bettlerkinder so nicht aus der nachteiligen Situation herausholen kann. Es verstärkt diese eher noch«, sagt Sutherland. »Sie geben ihnen Geld, und am nächsten Tag sind sie wieder da und betteln jemand anderes an.«

Kindern Geschenke geben

Selbst wenn Kinder nicht betteln, das Verteilen von Geschenken – auch Nützliches wie Stifte und Bücher – kann laut Sutherland problematisch sein.

»Gefährdeten Kindern Mitbringsel zu geben verstärkt den traditionellen, nicht nachhaltigen Ansatz ›Wohltätigkeit in Form von Almosen‹ und ermuntert die Kinder dazu, auf potenziell gefährliche Weise mit Reisenden zu interagieren«, sagt Sutherland.

WIE MAN ALS REISENDER KINDERN HELFEN KANN

Sutherland empfiehlt, Organisationen auszuwählen und zu supporten, die daran arbeiten, Kinder aus riskanten Situationen zu entfernen.

»Dies sind oft soziale Organisationen, die beispielsweise Souvenirgeschäfte führen, Unternehmen trainieren oder andere Initiativen wie einkommensgenerierende Projekte für Eltern anbieten«, sagt Sutherland. »Indem man das unterstützt, kann man dazu beitragen, die Kreisläufe zu unterbrechen, die Kinder auf die Straße treiben, und ihnen und ihren Eltern dabei helfen, eine bessere, sichere Zukunft zu finden.«

© JUSTIN FOULKES / LONELY PLANET

Kinderarbeit

Die häufigste Form von Kinderarbeit, auf die man auf Reisen stößt, sind Kinder, die etwas verkaufen, von Souvenirs bis Getränke.

»Diese Kinder gehen oft nicht zur Schule oder arbeiten in gefährlichen Situationen, beispielsweise spät nachts«, sagt Sutherland. »Leider wird sich nichts ändern, wenn Reisende ihnen etwas abkaufen.«

Waisenhäuser und Schulen besuchen

Die Probleme, die mit dem Besuch von Waisenhäusern zusammenhängen, sind bekannt, doch die Auswirkungen von Schulbesuchen werden nicht immer bedacht. »Fragen Sie sich, ob Sie das auch zuhause tun würden«, sagt Sutherland. »Die Antwort ist sicher Nein, da das den Unterricht stört.«

Freiwilligenarbeit mit Kindern

»Daheim haben nur ausgebildete Profis Zugang zu gefährdeten Kindern, und das gilt auch für Freiwilligenarbeit auf Reisen«, sagt Sutherland. »Selbst wenn Sie in der Kinderbetreuung ausgebildet sind, wäre es nachhaltiger, sich einzubringen, indem Sie Ihr Wissen mit einem einheimischen Betreuer teilen, statt selbst mit den Kindern zu arbeiten.« Weitere Informationen zur Freiwilligenarbeit mit Kindern siehe S. 32.

© CRAIG LOVELL / EAGLE VISIONS PHOTOGRAPHY / ALAMY STOCK PHOTO

ÖKOTRICK

Für weitere Informationen, wie man auf Reisen Kinder schützt, besuchen Sie die Webseite von ChildSafe Movement von Friends International. www.thinkchildsafe.org

© JUSTIN FOULKES / LONELY PLANET

Ethische Dilemmas umschiffen

Zusätzlich zu den Dutzenden von Entscheidungen, die man unterwegs jeden Tag treffen muss, steht man oft vor moralischen Fragen, die einen überfordern können. Jeff Greenwald, Direktor der gemeinnützigen Reiseinfoseite Ethical Traveler (www.ethicaltraveler.org), erklärt, wie man typische Situationen bewusster angehen kann.

Feilschen

»Das Feilschen ist nicht immer Teil der örtlichen Kultur«, sagt Greenwald, der empfiehlt, den Wert des Produkts zu recherchieren – und zu überlegen, was das Produkt einem wirklich wert ist –, bevor man mit dem Verhandeln loslegt. »Der Endpreis sollte beide Parteien zufriedenstellen«, fügt er hinzu. »Besonders an Orten wie Nepal oder Marokko, wo die Gewinnspanne sehr gering ausfallen kann. Selbst, wenn Sie ein wenig mehr zahlen als gewollt, ist das besser, als den Verkäufer einen Verlust einfahren zu lassen.«

Trinkgelder

Greenwald rät auch hier, zu bedenken, dass Trinkgelder in einigen Kulturen als unverschämt oder beleidigend angesehen werden.

»Ein zu hohes Trinkgeld kann einen unrealistischen Standard für spätere Reisende setzen und das soziale Gleichgewicht stören«, sagt Greenwald, der hinzufügt, dass ein Betrag von 10 % üblicherweise angemessen ist. »Wenn Reiseleiter mehr Geld verdienen als Herzchirurgen, wie zum Beispiel auf Kuba, ist dies eine große Verlockung, die Auswirkungen auf wichtige Dienstleistungen hat.«

Bettlern etwas geben

Greenwald findet, dass bei erwachsenen Bettlern die ethische Richtlinie nicht klar umrissen ist.

»Betteln kommt in vielerlei Gestalt – von religiös bis ärgerlich, von notleidend bis geschäftlich, so wie zum Beispiel Einheimische, die gegen Geld eine Führung anbieten«, sagt er. »Es mag unter bestimmten Umständen klüger sein, nichts zu geben, doch bei Leuten mit medizinischen Problemen oder bei Almosen bleibt es völlig Ihnen überlassen, ob Sie sich großzügig zeigen wollen.«

Für Fotos zahlen

Sie mögen es seltsam finden, für Fotos Geld zu zahlen, und da sind Sie nicht allein. Es ist deshalb nicht unethisch, es sei denn, Kinder bitten um Geld.

»Einige finden, dass durch die Zahlung das Foto unglaubwürdig wird, doch vielerorts wird eine Entlohnung für die Dienstleistung erwartet«, sagt Greenwald. Für weitere Tipps zum Thema verantwortungsbewusstes Fotografieren siehe S. 58.

Orte mit Menschenrechtsproblemen

Greenwald rät vom Besuch von Konfliktzonen ab. Reisen zu Destinationen auf der anderen Seite des Medienschirms hält er allerdings für sinnvoll.

»Nur indem wir persönlich Orte bereisen, können wir sie voll und ganz verstehen lernen«, sagt er. Reiseboykotts schadeten überdies vor allem den Schwächsten der Gesellschaft. »Indem Reisende bei lokalen Geschäften kaufen, am eigenen Leib erfahren, wie man vor Ort lebt, und die Herausforderungen und Sehnsüchte der Menschen mit einem größeren Publikum teilen, können sie die Einheimischen unterstützen«, sagt Greenwald.

UND WIE STEHT ES MIT DER ETHIK VON BESTIMMTEN AKTIVITÄTEN MIT TIEREN, FRAGEN SIE?

Blättern Sie zur S. 76 für Tipps zu verantwortungsbewussten Safaris.

Touren von Slums

Slum-Touren sprechen viele ethische Bedenken an, vom Potenzial, Armut zu kommerzialisieren, bis hin zum Risiko, dadurch Kriminalität mitzufinanzieren. Einige argumentieren dagegen und behaupten, dass die von verantwortungsvollen Bewohnern geführten Rundgänge für die Gemeinschaft eine wertvolle Einkommensquelle sind.

»Es ist wichtig, sich genau zu informieren, bevor man sich irgendeiner Tour anschließt«, sagt Greenwald. »Fragen Sie nach, wie das Geld verteilt wird, und verhalten Sie sich bei Ihrem Besuch den Anwohnern gegenüber respektvoll.«

© PETER SEAWARD / LONELY PLANET

Neun Wege, beim Reisen etwas zurückzugeben

Der Wunsch, ein Reiseziel in einem besseren Zustand zu hinterlassen, als man es vorgefunden hat, und sei es nur minimal, ist Bestandteil des verantwortungsbewussten Reisens. Hier sind ein paar Möglichkeiten, wie man etwas zurückgeben kann.

1 PACKEN SIE ZWECKMÄSSIG

Das Verteilen von Stiften und Süßigkeiten an Kinder mag wie eine nette Geste erscheinen, doch die Praxis kann unwillentlich eine Bettlerwirtschaft begünstigen. Geben Sie zielgerichteter, indem Sie Waren einpacken, die vor allem von Schulen, Kliniken und anderen sozialen Einrichtungen in Ihrem Reiseland benötigt werden, wie man auf der Webseite Pack for a Purpose (www.packforapurpose.org) nachschlagen kann. Liefern Sie die Waren einfach beim genannten Hotel oder Touranbieter ab, und diese leiten die Artikel dann für Sie weiter. Das System hilft dabei, Lieferketten zu vereinfachen und das Wohl der Einheimischen zu wahren.

2 TOUR MIT POSITIVER WIRKUNG

Immer mehr Touranbieter gehen noch einen Schritt weiter und bauen freiwillige Aktivitäten ein. Beispielsweise assistieren Sie bei einer Safari in Afrika und setzen wilden Tieren einen Mikrochip ein, Sie helfen auf einer Bergwanderung mit, Kochherde in einem abgelegenen peruanischen Dorf zu installieren, oder Sie krempeln die Ärmel hoch und misten Gehege in einem Naturschutzreservat aus.

3 ZEIT ODER FÄHIGKEITEN ANBIETEN

Wenn Sie sich keinem längeren Projekt widmen können, fragen Sie Ihr Hotel oder Ihren Touranbieter, ob es eine lokale Initiative gibt, bei der Sie sich während Ihres Aufenthalts engagieren können. Zum Beispiel könnte eine nicht staatliche Organisation Ihre Hilfe bei der Einrichtung eines Social-Media-Kontos gebrauchen, oder das ansässige Tauchzentrum organisiert einen Strandsäuberungstag, oder das Tierheim der Stadt sucht noch nach Leuten zum Gassigehen? Wer einen ganzen Tag erübrigen kann, für den listet Give a Day Global (www.giveadayglobal.org) Projekte in 16 Ländern auf, die auf Ihre Hilfe angewiesen sind.

4 SPENDEN SIE ETWAS

Sie haben mehr Geld als Zeit? Die Chancen stehen nicht schlecht, dass es eine Wohltätigkeitsorganisation an Ihrem Reiseziel gibt, die sich über eine Spende freuen würde. Organisationen wie Global Giving (www.globalgiving.org) erledigen für Sie die Hintergrundchecks, damit Sie darauf vertrauen können, dass Ihr Beitrag einem gerechten Zweck zugeführt wird.

5 UNTERSTÜTZEN SIE FRAUEN

Der Einfluss von Frauen wurde als ein wichtiges Element im Kampf gegen den Klimawandel erkannt. Machen Sie eine vereinte Anstrengung, um auf Reisen Frauen zu stärken, indem Sie sich für Reiseführerinnen entscheiden, in Restaurants unter weiblicher Leitung einkehren und weitere, von Frauen organisierte Unternehmungen aller Art in Anspruch nehmen.

ÖKOTRICK

Die Veranstaltungsfunktion bei Facebook kann dabei behilflich sein, Gelegenheiten aufzuspüren, bei denen man sich für die Gemeinschaft des Gastlandes einbringen und etwas zurückgeben kann, von Strandsäuberungen zu Grillfesten für einen Spendenaufruf.

6 VERGEBEN SIE EINEN MIKRO-KREDIT

Mikro-Kredite in Entwicklungsländern helfen, kleinere Unternehmen zu starten oder auszuweiten. Organisationen wie Kiva (www.kiva.org) kümmern sich um alles; suchen Sie sich einfach ein Projekt aus, das Sie gern unterstützen würden, und wählen Sie den Betrag, den Sie spenden möchten, beginnend mit nur 25 US-Dollar. Als Bedingung für den Kredit muss sich der Schuldner dazu verpflichten, das Geld über einen vorher vereinbarten Zeitraum zurückzuzahlen, woraufhin man neue Darlehen ausgeben oder das Geld abziehen kann.

7 NEHMEN SIE DREI FÜRS MEER MIT

Sich im Reiseziel umsichtig zu verhalten und sich zu bemühen, weggeworfenen Müll aufzuheben, besonders an Stränden und entlang von Wanderwegen, ist eine der leichtesten Möglichkeiten, beim Reisen etwas zurückzugeben. Wer gelobt, drei Dinge fürs Meer mitzunehmen (Take 3 for the Sea, take3.org) hilft dabei, die Umwelt zu entlasten, was Besuchern wie Anwohnern zugutekommt.

8 NACHHALTIGE UNTERNEHMEN FÖRDERN

Geben Sie Ihre Touristendollars in lokal betriebenen Unternehmen statt in multinationalen Ketten aus und fördern sie auf diese Weise das Wohl der Einheimischen.
Halten Sie Ausschau nach sozialen Projekten, die speziell so angelegt sind, dass sie das Leben der Menschen vor Ort verbessern. Tree Alliance (www.tree-alliance.org) zum Beispiel betreibt sieben erstklassige Restaurants in Südostasien, die Jugendlichen am Rande der Gesellschaft eine Ausbildung anbieten.

9 SEIEN SIE EIN BOTSCHAFTER

Das Privileg, reisen zu können, bedeutet, dass Sie an den von Ihnen besuchten Orten automatisch zum Ehrenbotschafter Ihres Heimatlandes werden. Andersherum verhält es sich genauso.
So können Sie die Menschen auf beiden Seiten weiterbilden und dabei mithelfen, Mauern einzureißen, um die Welt zu einem friedlicheren Ort zu machen.

Citizen-Science erklärt

Wissenschaftliche Umweltforschung baut auf engagierte Freiwillige: Stichwort Citizen-Science. Die von Laien getätigten Beobachtungen, Vermessungen und Aufzeichnungen vielfältigster Art, von Bewegungen seltener Tiere zu angespültem Meerestreibgut, helfen Wissenschaftlern dabei, unseren Planeten besser zu verstehen und zu schützen. Und da viele Projekte in Urlaubsgebieten beheimatet sind, eignen sie sich gut für Reisende.

Eine wachsende Zahl von Touranbietern, besonders von Kreuzfahrten in arktischen Gewässern, integrieren Citizen-Science in ihre Programme. Zu den bekanntesten Erscheinungsformen zählt der BioBlitz, bei dem man zusammen mit Experten so viele Spezies wie möglich in einem vorgegebenen Einsatzgebiet über einen kurzen Zeitraum (für gewöhnlich 24 Stunden) erspäht und identifiziert. Doch es gibt unzählige weitere Initiativen, bei denen man auf Reisen mithelfen kann, wobei meist nicht viel mehr als ein Smartphone und eine Internetverbindung nötig ist. Sesselreisende können solche Projekte sogar von zu Hause aus unterstützen, zum Beispiel, indem sie Pinguine im Südmeer »markieren« oder Bilder vom Nachthimmel scannen, um etwas zur Erkenntnis der »verklumpten« Galaxien beizusteuern.

CITIZEN-SCIENCE-URLAUB

Das Earthwatch Institute führt überall auf der Welt Expeditionen durch, die von Wissenschaftlern geleitet werden, von der Zusammenarbeit mit balinesischen Einheimischen im Kampf gegen Plastikverschmutzung zur Beobachtung von Säugetieren im brasilianischen Mata Atlântica. www.earthwatch.org

CITIZEN-SCIENCE-PROJEKTE FÜR IHRE NÄCHSTE REISE

ÖKOTRICK

Sie würden gern Ihr eigenes Citizen-Science-Projekt starten? Das umfangreiche, doch nutzerfreundliche Projektbuilder-Tool von Zooniverse kann dabei behilflich sein. www.zooniverse.org

Happy Whale
Laden Sie Fotos von Begegnungen mit Meeressäugern hoch und helfen so Wissenschaftlern, Bevölkerungstrends zu verstehen. www.happywhale.com

iNaturalist
Per App kann man Fotos sammeln, Naturbeobachtungen teilen und sich über Funde austauschen. www.inaturalist.org

Globe at Night
Sterngucker machen hier auf die Auswirkungen von Lichtverschmutzung aufmerksam. Freiwillige messen die Helligkeit des Nachthimmels. www.globeatnight.org

Bumble Bee Watch
Helfen Sie mit bei der Erforschung der nordamerikanischen Hummel. Sie ermitteln Status und Schutzbedürfnisse dieser Insekten. www.bumblebeewatch.org

Penguin Watch
Sie lieben Pinguine? Hier können Sie sich für ihren Schutz engagieren. Helfen Sie, die Vögel online zu markieren. Dieses Projekt wird betrieben von Zooniverse, der weltweit größten Plattform für von Laien unterstützte Forschung. www.zooniverse.org

eBird
Schließen Sie sich dem globalen Bestreben an, die Lebensräume von Vögeln zu kartografieren, indem Sie Sichtungen, Fotos und Mitschnitte von Ihren Reisen teilen und vermerken. www.ebird.org

FrogID
Helfen Sie mit, Australiens rapide schrumpfende Froschpopulation zu retten, indem Sie Froschgequake aufnehmen, die Spezies mithilfe der App bestimmen und die Ergebnisse in die FrogID-Datenbank eintragen. www.frogid.net.au

Journey North
Vermerken Sie Ihre Sichtungen von Monarchfaltern, Weißkopfseeadlern, Hummeln und vielem mehr entlang der nordamerikanischen Migrationsrouten. www.journeynorth.org

Spider Spotter
Helfen Sie europäischen Wissenschaftlern dabei, mehr darüber zu erfahren, wie sich Spinnen an das Leben in der Stadt anpassen. Laden Sie Fotos der Tiere und ihrer Netze hoch, auf die Sie auf Reisen gestoßen sind. www.spiderspotter.com

Big Seaweed Search
Erkunden Sie die britische Küste und vermerken Sie, welchen Seetang Sie unterwegs gesehen haben. Diese Initiative des Natural History Museum ist nur eines von mehreren Citizen-Science-Programmen. www.nhm.ac.uk

Verantwortungsvoll wandern

Vielleicht haben Sie schon einmal vom Prinzip »Hinterlasse keine Spuren« gehört? Doch es gibt noch so viel mehr zu bedenken, wenn man irgendwo auf der Welt bewusst in der Natur wandern will. Hier sind die neun wichtigsten Punkte.

Planen Sie bis ins Detail

So sorgen Sie nicht nur für Ihre eigene Sicherheit, Sie entlasten auch lokale Dienstleistungen. Packen Sie der Witterung entsprechend, bringen Sie genug Nahrung und Wasser mit und lassen Sie jemanden wissen, wo Sie sind und ab wann man Alarm schlagen soll, sollten Sie nicht wieder auftauchen.

Engagieren Sie einen lokalen Führer

Stellen Sie für eine mehrtägige Wanderung einen lizenzierten lokalen Führer und / oder Träger ein. Dieser wird Sie gut schützen und informieren. Außerdem fließen Ihre Touristendollars so direkt zurück in die lokale Gemeinschaft.

Wieder mitnehmen, was man mitgebracht hat

Was auch immer Sie mitnehmen, sollte wieder zurückkommen. Dazu zählen Lebensmittelreste, Toilettenpapier, sofern man kein Loch graben konnte, und weibliche Hygieneartikel. Auf mehrtägigen Trips mit Mülleimern (z. B. Teehaus-Trekking in Nepal) überlegen Sie, wie der von Ihnen zurückgelassene Abfall entsorgt wird – meist ist es nachhaltiger, den Müll mitzunehmen.

Folgen Sie dem Ruf der Natur nachhaltig

Das Center for Outdoor Ethics in den USA rät, feste Fäkalien in einem 15 bis 20 cm tiefen Loch, 60 m von Wanderwegen, Camps und Wasserquellen entfernt, zu vergraben (zusammen mit weißem, ungebleichtem Klopapier). Der Weg ist zu schmal? Verstauen Sie Ihre Ausscheidungen geschützt in einer abbaubaren Tüte in einer *Poop Tube* (geschlossenes Rohr) für die spätere Entsorgung. Die 60-Meter-Regel gilt auch fürs Wildpinkeln in der Nähe von Wasserquellen. In Trockengebieten ist es nicht erforderlich, so weit zu wandern.

Bleiben Sie auf den markierten Wegen

Wanderwege sind so angelegt, dass sie die

© STIAN KLO / LONELY PLANET

ÖKOTRICK

Wer allein wandert, fernwandert oder in Gegenden ohne Handyempfang unterwegs ist, der sollte sich die Anschaffung eines Personal Locator Beacon (PLB) überlegen. Diese Positionsanzeiger dürfen nur in einer lebensgefährlichen Situation aktiviert werden.

sichersten und schönsten Routen präsentieren und dabei die natürlichen Lebensräume schützen. Wer nicht einfach querfeldein läuft, beeinträchtigt die Umwelt so wenig wie möglich.

Lassen Sie die wilden Tiere wild

Beobachten Sie Tiere in freier Wildbahn von Weitem, damit diese nicht fliehen – in heißem oder kaltem Wetter kann eine Störung die Fähigkeit des Tieres beeinträchtigen, sich in der Umwelt zu behaupten. Füttern Sie sie nicht, dies kann ihnen schaden, und fassen Sie sie nicht an: Dies kann für die Tiere Stress und für Sie Gefahr bedeuten, sollte das Tier Krankheiten wie Tollwut übertragen.

Seien Sie vorsichtig mit offenem Feuer

Befolgen Sie die Feuerschutzvorschriften in Ihrem Wandergebiet; man findet sie normalerweise auf den Webseiten der Nationalparks. Wer unbedingt rauchen muss, sollte einen Aschenbecher mit sich führen. Lagerfeuer müssen immer vollständig gelöscht werden. Sind Sie in der Buschfeuersaison unterwegs, achten Sie auf den Wetterbericht und die Hinweise von Brandalarm-Webseiten und -Apps.

Handeln Sie biologisch abbaubar

Wenn Sie planen, in der Natur zu kochen oder zu waschen, achten Sie darauf, dass die von Ihnen verwendeten Seifen, Reiniger und Toilettenartikel sanft zur Umwelt sind.

Geben Sie etwas zurück

Helfen Sie beim Schutz Ihrer liebsten Naturgebiete mit, indem Sie an eine verantwortungsbewusste Organisation spenden oder Ihr Ehrenamt anbieten. Das Center for Outdoor Ethics (www.lnt.org) zum Beispiel verfügt über ein Freiwilligenregister. Der schottische Naturschutzverein Trees for Life (www.treesforlife.org) führt Naturschutzwochen durch, die jedem Interessierten offenstehen.

Verantwortungsvoll tauchen und schnorcheln

Der Besuch eines Korallenriffs ist unvergesslich. Da jedes Jahr allein von der PADI eine Million Tauchanfänger zertifiziert werden, setzen Unterwassertouristen die Ökosysteme der Meere immer mehr unter Druck. Mit diesen Tipps haben Ihre Tauchgänge nur minimale Auswirkungen.

Vorsicht mit den Tauchflossen

Ein Fehltritt, der ein Stück Koralle abbricht, scheint zunächst nicht weiter schlimm zu sein. Doch wenn jeder Schnorchler und Taucher, der die Stelle besucht, so denkt, häufen sich die Schäden. Auch ein sandiger Boden kann empfindlich sein. Solange der Tauchführer nicht versichert, dass keine Organismen zu Schaden kommen, halten Sie sich lieber vom Meeresboden fern.

Kontrollieren Sie Ihren Auftrieb

Auftrieb wird benötigt, damit man nichts berühren muss, um sich unter Wasser selbst zu stabilisieren. Ahmen Sie die Haltung Ihres Tauchführers nach und bitten Sie um Feedback. Nicht nur schützen Sie so das Riff, Sie können auch Atemluft einsparen.

Füttern Sie keine Fische

Es mag unschuldig erscheinen, die Meeresbewohner zu füttern, doch Fische können sich an diese Praxis gewöhnen, was das gesamte Ökosystem aus dem Gleichgewicht bringen kann. Riffbarsche zum Beispiel ernähren sich von Algen, die mit Korallen um Platz und Licht kämpfen. Wenn man sie mit kostenlosem Futter anlockt, kann dies das Korallenriff mit Algen überwachsen lassen, was das Erscheinungsbild des Riffs beeinträchtigt.

ÖKOTRICK

Viele Tauchzentren verbieten Handschuhe, damit Taucher das Riff nicht berühren. Wenn Sie Angst haben vor Stichen und Schnittverletzungen durch Organismen entlang des Festmachers, nehmen Sie einen einzelnen Handschuh mit, mit dem Sie sich am Festmacher entlanghangeln können, und bewahren Sie diesen bis zum Auftauchen in der Tasche auf.

© CHRIS CHEN / LONELY PLANET

Lassen Sie nur Blasen zurück
Zigarettenstummel, Plastikflaschen, Bonbonpapier – diese Dinge werden leicht vom Tauchboot geweht, weshalb man sie gar nicht erst mitnehmen sollte. Besser noch: Sammeln Sie den Müll auf, den Sie im Meer finden. Stopfen Sie ihn in Ihre Tarierweste (BCD) oder nehmen Sie eine Netztasche mit.

Seien Sie vorsichtig beim Fotografieren
Mehrere Studien haben gezeigt, dass vor allem Taucher mit Kameras die Riffe berühren und nicht selten bei dem Versuch, sich während des Fotografierens zu stabilisieren, Korallen abbrechen. Wenn Sie kein besonders erfahrener Taucher sind, lassen Sie die Kamera vielleicht besser im Boot.

Geben Sie Meeresbewohnern Freiraum
Unterwassertiere anzufassen oder zu bedrängen, kann zahlreiche negative Folgen haben. Die Tiere können sich infizieren oder, im Fall von Schildkröten, ertrinken. Die National Oceanic Atmospheric Administration (NOAA) in den USA rät, einen Abstand von mindestens 3 m bei Schildkröten und 15 m bei Seehunden einzuhalten. In einigen Ländern kann die Nichtbeachtung dieser Regeln Strafen nach sich ziehen.

Wählen Sie verantwortungsvolle Anbieter aus
Verantwortungsvolle Schnorchel- und Tauchanbieter arbeiten mit kleinen Gruppen, bereiten die Gäste umfassend vor und sind strikt mit Teilnehmern, die sich danebenbenehmen. Die Webseite Green Fins (www.greenfins.org) listet Anbieter, die aktiv daran mitarbeiten, die Methoden auf und im Wasser zu verbessern.

Seien Sie Ihrer Tauchgruppe gegenüber respektvoll
Hören Sie dem Tauchleiter aufmerksam bei der Einweisung zu und bleiben Sie in der Nähe Ihres Tauchbuddys und in Sichtweite zum Rest der Gruppe. Nichts kann einen Tauchgang so sehr verderben wie jemand, der nur an sich selbst denkt und die anderen Taucher aufhält.

Geben Sie etwas zurück
Finden oder organisieren Sie Ihre eigene Meeresschutzaktion, melden Sie treibende Trümmer und vieles mehr über das weltweite gemeinnützige Meeresschutzprojekt Project Aware (www.projecaware.org). Viele Tauchzentren führen Strand- oder Meeressäuberungen und andere Umweltschutzinitiativen durch, bei denen die Gäste mitmachen können.

Tipps für verantwortungsvolle Safaris

© SERRNOVIK / GETTY IMAGES

Tiere in unberührten Ecken des Planeten aufzuspüren, zählt zu den besten Erlebnissen auf Reisen. Leider finden diese Urlaube meist in den ärmsten Regionen der Welt statt. Reisende können mithelfen, die Safaribranche zum Umdenken anzuregen.

Wählen Sie einen verantwortungsvollen Anbieter
Touren in empfindlichen Ökosystemen benötigen Anbieter, die sich selbst streng in die Pflicht nehmen. Achten Sie darauf, dass der Anbieter über eine Nachhaltigkeitsrichtlinie verfügt und, wo möglich, in von der Gemeinschaft geführten Lodges übernachtet, idealerweise auf einem Grundstück der Gemeinschaft (sogenannte Conservancies).

Bleiben Sie im Fahrzeug
Großwild mag von der Sicherheit Ihres Fahrzeugs aus friedfertig erscheinen. Doch wenn Sie das Auto verlassen, kann sich die Situation innerhalb weniger Sekunden dramatisch ändern, sodass Sie selbst, Ihre Mitreisenden und die Tiere in Gefahr gebracht werden – Tiere, die den Menschen angreifen, werden oft getötet. Steigen Sie daher nur aus dem Fahrzeug aus, wenn Ihr Führer Ihnen bestätigt, dass es sicher ist. Wer selbst fährt, hat sich an die Regeln des Parks zu halten.

Vermeiden Sie Spitzenzeiten
Wenn Sie Ihren Besuch zusammenfallen lassen mit Ereignissen wie der afrikanischen Wildebeest-Migration, müssen Sie damit rechnen, dass Sie die Serengeti mit mehr Touristen als Tieren teilen. Es gibt nichts Langweiligeres als einen Safaristau. Ein Besuch in der Zwischen- oder Nebensaison ist nicht nur günstiger, er hilft auch dabei, den Einheimischen das ganze Jahr hindurch Arbeit zu sichern.

Sehen Sie sich abseits der beliebten Parks um
Für jedes bekannte Wildreservat gibt es eine wenig bekannte Alternative mit unglaublichen – manchmal sogar noch unglaublicheren – Wildbeobachtungsmomenten. Das afrikanische Malawi hat sich erst vor Kurzem dem Safaritourismus geöffnet. Der Bardia-Nationalpark in Nepal hat mehr Tiger als der in Chitwan, dafür aber weniger Besucher.

Fassen Sie niemals Wildtiere an
Widerstehen Sie der Versuchung, mit großen Katzen zu kuscheln oder in sogenannten Naturschutzgebieten, auf die Sie vielleicht während Ihres Safariurlaubs in Afrika stoßen, zu ›laufen‹. Diese beliebte Aktivität wird von Umweltschützern verurteilt, die die Ansicht vertreten, dass die Branche nicht nur grausam ist (da die Löwen meist weiterverkauft werden an Jagdfarmen), sondern auch nicht zum Schutz der Tiere beiträgt.

Seien Sie ein verantwortungsbewusster Fotograf
Vermeiden Sie es, die Tiere mit Blitzlicht und dem Piepen des Kamerafokus zu stören, und unterdrücken Sie das Bedürfnis, Geräusche oder Gesten zu machen, um die Aufmerksamkeit der Tiere zu erregen. Wenn Sie kleinere Wildtiere auf Wander-Safaris fotografieren, verwenden Sie ein langes Objektiv, anstatt sich den Tieren unnötig zu nähern.

ÖKOTRICK
Halten Sie Ihr Safarioutfit neutral: Helle Farben können die Tiere verschrecken. Bedenken Sie, dass in Afrika blaue und schwarze Kleidung die Tsetsefliege anlockt, deren Biss äußerst schmerzhaft ist.

Entscheiden Sie sich für eine Wandersafari
Diese sind, im Vergleich zu einer Safari im Fahrzeug, besser für die Umwelt und ermöglichen, die Natur und die lokalen Führer besser kennenzulernen – ein Gewinn für beide Seiten. Vielleicht lernen Sie dabei auch, Tierfährten zu lesen, entdecken Buschnahrung und erleben die Ur-Faszination einer Begegnung mit Großwild auf Augenhöhe.

Denken Sie nach, bevor Sie teilen
Es ist allgemein bekannt, dass Wilderer die sozialen Medien dazu missbrauchen, um neue Ziele auszumachen. Verzichten Sie daher bei Fotos, die Sie in den sozialen Medien teilen, auf Geotags und die Angabe spezifischer Informationen über den Aufenthaltsort von Tieren. Besser noch, warten Sie ein paar Tage ab, bevor Sie Ihre Bilder veröffentlichen.

Respektieren Sie Ihren Führer
Den Guide immer wieder zu bedrängen, Sie näher an die Tiere heranzulassen, riskante Fahrmanöver zu probieren oder sich auf andere unethische Weise zu verhalten, kann diesen dazu verleiten, dem Druck nachzugeben, um ein höheres Trinkgeld einstreichen zu können. Sehen Sie davon ab und vergessen Sie nicht, die Arbeit angemessen zu entlohnen.

INSPIRATION

Fünf tolle Überland-routen mit dem Bus

Inlandsflugrouten und bequeme Touristentransfers haben viele Reisende dazu verleitet, sich von unbequemen Busreisen abzuwenden. Doch an einigen Orten ist gerade die Busfahrt ein unvergessliches Erlebnis. Diese Bustouren sollten Sie nicht verpassen.

San Pedro de Atacama nach Salta, Südamerika
Distanz: 600 km
Geschätzte Dauer: 10 Stunden
Das weitreichende und erschwingliche Busnetzwerk Südamerikas eignet sich perfekt für die Erkundung dieses riesigen Kontinents. Eine unvergessliche Strecke ist die Fahrt über die Anden von San Pedro de Atacama im Norden Chiles nach Salta in Argentinien – auf jeden Fall einen Fensterplatz buchen.

Open Bus, Vietnam
Distanz: 1730 km
Geschätzte Dauer: mind. 7 Tage
Das Hop-On-Hop-Off-Busticket-system auf der Küstenstraße zwischen Hanoi und Ho-Chi-Minh-Stadt ermöglicht es, über den Zeitraum eines Monats die Fahrt immer wieder zu unterbrechen. Die Reise ist nur in eine Richtung erlaubt, doch man darf verweilen, so lange man will – den Sitzplatz reservieren Sie am Tag vor der Weiterreise.

Marrakesch nach Errachidia, Marokko
Distanz: 559 km
Geschätzte Dauer: 11 Stunden
Diese wunderschöne Strecke startet in Marrakesch, bevor es über den gewundenen Gebirgspass Tizi n'Tichka (2260 m) durch den Hohen Atlas geht. Dann steigt man wieder hinab durch eine wüstenähnliche Landschaft mit Lehmziegel-Kasbahs und Palmenhainen bis Ouarzazate, scherzhaft »Ouallywood« genannt aufgrund des dort ansässigen Filmstudios. Die Fahrt endet in Errachidia, ehemalige französische Garnisonsstadt am Rande der Sahara, wo Sie das Wüstenabenteuer erwartet.

Kathmandu nach Pokhara, Nepal
Distanz: 200 km
Geschätzte Dauer: 8 Stunden
Zu Beginn dieser legendären Fahrt entlang der Hippie-Route werden Spuckbeutel verteilt. Pokhara ist das Tor zur Region Annapurna. Die Strecke folgt himmelblauen Gletscherflüssen, die unterhalb der Straße in tiefen Tälern gurgeln. Ab und zu beschleicht einen der Gedanke, dass man zu Fuß wohl schneller voran käme, doch das ist alles Teil des Erlebnisses.

Great Ocean Road, Australien
Distanz: 112 km
Geschätzte Dauer: 2 ½ Stunden
Australiens bekannteste und landschaftlich wunderschöne Strecke im Südosten des Kontinents führt entlang der dramatischen Küste von Südwest-Victoria und kann nicht nur von spritschluckenden Privatautos befahren werden. V / Line-Busse (www.vline.com.au) verkehren von Warrnambool nach Melbourne über Apollo Bay und Geelong und halten an vielen Sehenswürdigkeiten entlang der Shipwreck Coast, darunter Bay of Islands, London Bridge, Loch Ard Gorge und die Twelve Apostels.

Fünf grüne Fahrten mit dem Zug

Es ist bekannt, dass Bahnreisen eine hohe Energieeffizienz haben – und dabei auch noch Spaß machen. Doch einige Bahnunternehmen sind grüner als andere. Hier sind fünf landschaftlich attraktive Bahnstrecken, bei denen man sich besonders gut fühlen kann.

Darjeeling Himalayan Express, Indien

2019 hat Indian Railways Einwegplastik verboten. Zudem werden in der gesamten Flotte Bio-Toiletten installiert. Der Darjeeling Himalaya Express schlängelt sich durch die Teeplantagen von New Jalpaiguri zur Hill Station Darjeeling.
www.indianrail.gov.in

Tōkaidō Shinkansen, Japan

Das Bullet-Train-Netzwerk Japans wird mit äußerst effizienter Kernenergie betrieben und nutzt sehr umweltverträgliche Züge. Die Fahrt zwischen der Hauptstadt Tokio und Kioto bietet atemberaubende Ausblicke auf den Fuji und ist zweifellos die schönste Zugstrecke des Landes.
https://global.jr-central.co.jp

Byron Bay Solar Train, Australien

Die Reise ins Arts & Industry Estate dauert nur zehn Minuten, doch wer mitfährt, darf sich damit rühmen, im ersten komplett solarbetriebenen Zug der Welt gefahren zu sein. Das Bahnerlebnis durch die küstennahen Feuchtgebiete in einem »Red Rattler« aus den 40er-Jahren ist herrlich nostalgisch.
www.byronbaytrain.com.au

Rheintalstrecke mit Eurail, Deutschland

Das Eurail-Netzwerk verbindet 31 europäische Länder miteinander und unternimmt umweltschonende Maßnahmen wie den Einsatz recycelter Materialien für Reise-Packs und Pässe. Eine der schönsten Bahnstrecken folgt den steilen Ufern des sich schlängelnden Rheins auf einer Länge von 97km vom Tal bei Koblenz bis Mainz, vorbei an Fachwerkhäusern, Weinbergen und bezaubernden Märchenburgen.
www.eurail.com

Kapstadt nach Pretoria mit Rovos Rail, Südafrika

Die umweltfreundlichen Verbesserungen dieses luxuriösen Bahnunternehmens reichen von Güdsheet-Toilettenpapier auf Zuckerrohrbasis zu Mahlzeiten aus nachhaltigen lokalen Erzeugnissen in den Bordrestaurants. Rovos unterstützt zudem zahlreiche karitative Initiativen, was einem die Fahrt von Kapstadt nach Pretoria noch weiter versüßt.
www.rovos.com

ÖKOTRICK

Sie möchten gern erfahren, wie viel Energie man bei Bahnfahrten im Vergleich zu anderen Transportmöglichkeiten verbraucht? Geben Sie die Details Ihrer Zugreise auf der Webseite von EcoPassenger ein. www.ecopassanger.org

Zehn elektrisierende Roadtrips

Da mehr und mehr Destinationen – und Mietwagenfirmen – erste Schritte zur Elektromobilität unternehmen, wird es immer einfacher, einen energieeffizienten Roadtrip zu planen. Hier sind zehn zur Auswahl.

Route 66, USA
Die vor allem wegen der benzinfressenden Chevrolets und Cadillacs berühmte und einzigartige 3243 km lange Route von Chicago nach Los Angeles präsentiert sich heute weitaus umweltfreundlicher. Entlang der Strecke wurden über 130 Ladestationen eingerichtet.

Barbados
Die Karibikinsel lässt sich am besten erleben, indem man sich selbst hinters Steuer setzt. Glücklicherweise ist Barbados der drittgrößte Nutzer von Elektroautotechnologie. Erkunden Sie die Strände und bauen Sie dabei auf das überall auf der Insel anzutreffende Ladesystem. Die Stationen liegen keine 5 km voneinander entfernt.

Hardangervidda, Norwegen
Die Touristenrouten Norwegens sind gut für E-Fahrzeuge ausgestattet, die fast ausschließlich von erneuerbarer Wasserkraft betrieben werden. Wenn Sie nur Zeit für eine der Strecken haben, fahren Sie von Bergen aus zum gebirgigen Nationalpark Hardangervidda mit seinen Wasserfällen.

Garden Route, Südafrika
Südafrika ohne einen einzigen Tropfen Benzin durchqueren? Mit ihren Küstenpanoramen, Weinbergen, Surfstellen, Naturreservaten und unzähligen Abenteuermöglichkeiten ist die achtstündige Urlaubsroute von Kapstadt nach Port Elizabeth der wohl lohnenswerteste Abschnitt der Reise. Sehr viele Lademöglichkeiten für Elektroautos.

ÖKOTRICK

Die kostenlose App der Webseite PlugShare hat eine Datenbank mit mehr als 290 000 Ladestationen für Elektroautos und ist daher der ultimative Begleiter für einen Elektro-Roadtrip.
www.plugshare.com

Vancouver nach Calgary, Kanada

2019 verpflichtete sich Petro-Canada, 50 Schnellladestationen entlang des Trans-Canada Highway anzubringen, auch in den dünnbesiedelten Gebieten im Norden Ontarios und in den Prairies. Diese sich durch die Rocky Mountains windende Teilstrecke ist der schönste Abschnitt zwischen Vancouver und Calgary (973 km) und verfügt über die meisten Ladestationen.

Romantikstraße, Deutschland

Deutschland hat zwar das ehrgeizige Ziel nicht erreicht, bis 2020 eine Million Elektrofahrzeuge auf die Straßen zu bringen, es ist dennoch eines der am besten ausgestatten Länder Europas für Elektromobilität. Die 350 km lange Romantikstraße vorbei an den malerischsten Städten Süddeutschlands ist dafür ein gutes Aushängeschild.
www.romanticroadgermany.com

Goldene Route, Japan

Angeblich gibt es in Japan mehr Ladestationen als Tankstellen, was einen Roadtrip mit dem Elektrofahrzeug spielend leicht macht. Probieren Sie zum Beispiel diese beliebte Strecke am Fuji vorbei von Tokio nach Kioto.

North Coast 500, Schottland

Diese 830 km lange Rundstrecke führt vorbei an einigen der schönsten Küstenabschnitte Schottlands und bietet 40 Ladestationen für Elektroautos. Besser noch: 2018 wurde die in Inverness ansässige Mietwagenfirma Ecosse EV mit ihrer Flotte aus ausschließlich elektrobetriebenen Fahrzeugen einer der ersten offiziellen Partner der North Coast 500.
www.northcoast500.com

Electric Super Highway in Queensland, Australien

Der längste elektrische Highway in einem einzigen Staat ist eine Initiative der Regierung, die es ermöglicht, ohne CO_2-Ausstoß oder schlechtes Gewissen von Coolangatta nach Cairns zu reisen. Um die 14 »Schnelllader«, die mehr oder weniger gleichmäßig entlang der 1785 km langen Küstenstrecke verteilt sind, nutzen zu können, muss man sich zuvor bei Chargefox (www.chargefox.com) registrieren.

Ring Road, Island

Die Installation von Ladestationen in Mývatn 2018 hat die 1332 km lange Ringstraße rund um Island offiziell für Fahrer von Elektroautos erschlossen. Um die atemberaubende Landschaft voll zu genießen – von Geysiren zu Gletschern und von Wasserfällen zu Lavafeldern –, planen Sie dafür mindestens eine Woche ein.

Fünf nachhaltige Reisen für schmale Geldbeutel

Nachhaltiger Tourismus in Entwicklungsländern beginnt meist an der Basis. Man muss vielleicht ein wenig mehr vorab planen, aber dafür kann man die lokale Kultur in einem authentischen Umfeld erleben, was den Gastgebern direkt zugutekommt.

Nepal

Der Wiederaufbau Nepals nach dem Erdbeben von 2015 dauert an, weshalb jeder Touristendollar zählt. Führer und Trägern zu fairen Bedingungen (siehe die Richtlinien der International Porter Protection Group; www.ippg.net) sind erschwinglich. Entlasten Sie beliebte Strecken, indem Sie eine der weniger genutzten Wanderrouten wählen, zum Beispiel den Tamang Heritage Trail (siehe S. 92).

Estland

Der erste Nationalpark Estlands, Lahemaa, wurde 1971 zu Sowjetunionzeiten vor den Toren von Tallinn ins Leben gerufen. 2008 erfand Estland das Konzept des World Cleanup Day. Über 50 % des Landes sind bewaldet. Umweltfreundliche Urlaubserlebnisse wie Radtouren, Kanufahrten und netzfernes Glamping unter Sternen, das Projekt Kodu im Laheema-Nationalpark (www.projekt-kodu.ee).

Laos

Das bevölkerungs- und relativ besucherarme Laos ist perfekt für ein preiswertes Südostasien-Abenteuer. Die antike Stadt Luang Prabang im Norden ist Standort vieler sozialer Unternehmungen. Sie bieten Seidenfärbereikurse in der Frauen-Weberei-Kooperative Ock Pop Tok (www.ockpoptok.com) und köstliche Gerichte im von Friends International gesponsorten Restaurant Khaipaen (www.tree-alliance.org) an, wo unterprivilegierte Jugendliche ausgebildet werden.

Nicaragua

Tourismuskooperativen von Agrargemeinden sollen mit ihren einmaligen Angeboten das nachhaltige sozioökonomische Wachstum fördern. Erfahren Sie zum Beispiel mehr über biologisch verträgliche Landwirtschaft und besuchen Sie die uralten Petroglyphen auf der Finca Magdalena bei Granada (www.fincamagdalena.com). Oder wandern Sie zu den Wasserfällen im Naturreservat Datanlí auf der Ecoalbergue La Fundadora (www.fundadora.org), und lernen Sie mehr über nachhaltigen Kaffeeanbau in einem UCA San Ramon Agro Ecotourism Homestay (www.tourism.ucasanramon.com).

Nordmazedonien

Nordmazedonien zählt zu den am wenigsten besuchten Ländern Europas, hat aber so viel zu bieten für all jene, die sich nach einem günstigen und umweltbewussten Urlaub sehnen. Der kürzlich eröffnete Weg High Scardus Trail (www.highscardustrail.com) ist eine 495 km lange Wanderstrecke entlang der bergigen Grenzen zum Kosovo und zu Albanien. Um die schönsten Seiten der Natur und die Slow-Food-Kultur und die Märkte aus osmanischer Zeit in der Hauptstadt Skopje zu erleben, planen Sie Ihren Besuch außerhalb der Hochsaison von Juni bis August.

Fünf nachhaltige Reisen für Familien

Wer mit Kindern reist, hat endlos viele Möglichkeiten, ihnen die Fragilität von Ökosystemen und Traditionen näherzubringen. Beides ist ungemein wichtig, um an die jüngere Generation weiterzugeben, wie man mit der Erde in Einklang lebt.

Fidschi

In vielen Hotels wie dem Jean-Michel Cousteau Resort und den Outrigger Resorts kann man sich aktiv an Meeresschutzprogrammen beteiligen, zum Beispiel durch das Setzen von Korallen. Kinder erhalten so eine wichtige Lektion zur Bedeutung von Riffsystemen. Wenn Ihre Kleinen schon älter sind, könnten Sie im Dorf bei einer Gastfamilie übernachten; oder mit Tanaloa Treks (https://tanaloa-treks-fiji.com) über mehrere Tage von Dorf zu Dorf wandern. Ihr Geld fließt so direkt in die abgelegenen Gemeinden.

Ecuador

Auf den Galápagosinseln kann man Kindern verantwortungsvollen Naturtourismus nahebringen. Auf dem Festland ist die Mashpi Lodge (www.mashpilodge.com) als familienfreundliches Ökoresort mit seinem Young-Mashpi-Rangers-Programm und dem Discovery-Center zu nennen. Das Bahnunternehmen Tren Ecuardor (www.trenecuador.com) unterstützt lokale Gemeinden entlang der »Allee der Vulkane«.

Neuseeland

Neuseeland ist mit vielen landschaftlich attraktiven Campingstellen wie für einen Wohnwagenurlaub geschaffen – und nun noch grüner, da Camper-Verleiher Britz (www.britz.com) seit 2019 einen komplett elektrischen eVolve-Wohnwagen auf beiden Inseln einsetzt. Von den Geothermalparks in Rotorua zu den Pinguinen auf der Halbinsel Orago, die Naturwunder allein werden Kinder allen Alters in Atem halten. Größere Kinder werden Gefallen finden an umweltfreundlichen Abenteuern, zum Beispiel Ausflüge mit dem E-Bike oder ein Aufstieg zum höchsten Wasserfall der Welt per Klettersteig in Wanaka (www.wildwire.co.nz).

Wales

Wales bietet einige nachhaltige Aktivitäten für Kinder an. In Pembrokeshire gibt es grüne Campingplätze (greenercamping.org), im Powys' Centre for Alternative Technology erfährt man mehr über Nachhaltigkeit. Fahren Sie in der einzigen von Menschen angetriebenen Achterbahn im Snowdonia Greenwood Forest Park (www.greenwoodfamilypark.com), genießen Sie Fisch und Chips bei Penaluna in Brecon Beacons (www.penalunas.co.uk), walisischer Gewinner des National Fish and Chip Award 2018.

Botswana

Das friedvolle Botswana ist berühmt für seinen Tierschutz. In vielen Safarilodges sind Kinder unter zwölf herzlich willkommen. Hier können sie lernen, Fährten zu lesen und Pfeil und Bogen selbst herzustellen. Jumbari Family Safaris bietet Familienreisen an (www.jumbari.com).

Zehn nachhaltige Kreuzfahrten

Trotz unzähliger Bemühungen stellen die schwimmenden Hotelburgen immer noch eine enorme Belastung für Umwelt und Häfen dar. Kleinere, expeditionsähnliche Schiffe von umweltbewussten Unternehmen hingegen sind unbedenklich.

Melanesien

Das australische Kreuzfahrtunternehmen Coral Expeditions spezialisiert sich mit seinen kleinen Schiffen auf entlegene tropische Meeresregionen. Coral, zertifiziert von EcoTourism Australia als »Green Travel Leader«, unterstützt zudem nachhaltige Initiativen, von Dornenkronenseestern-Kontrollen bis zum finanziellen Support von Schildkrötenschutzgebieten. www.coralexpeditions.com

Norwegische Arktis

Segeln ist natürlich die nachhaltigste Form der Schifffahrt. An Bord der 15-Meter-Jacht von Narwhal Expeditions können Sie die magische Meereslandschaft der Arktis bestaunen und dabei mithelfen, Daten für die Wissenschaft zu sammeln, damit man den Schutz der fragilen Meeresumwelt verbessern kann. Jedes Jahr wird eine Clean Up The Arctic Expedition veranstaltet, bei der Freiwillige den treibenden Müll untersuchen, Treibgut von Stränden entfernen und an Bevölkerungsstudien von Meeressäugetieren vor der Küste von Svalbard teilnehmen. www.narwhalexpeditions.com

Pazifischer Nordwesten

Befahren Sie mit UnCruise Adventures die Wasserwege, die die großen Schiffe nicht beschiffen können. Das Unternehmen hat eine besonders umfangreiche Nachhaltigkeitsrichtlinie. Sie kaufen regionale Lebensmittel ein, nutzen einheimische Reiseleiter, spenden an ortsansässige Organisationen und sparen Müll durch wiederverwendbare Trinkflaschen für Passagiere und nachfüllbare Toilettenartikeln. www.uncruise.com

Französisch-Polynesien

Gehen Sie mit an Bord der Aranui 5, wenn das Hybrid-Fracht-und-Passagierschiff auf seinen 13-tägigen Versorgungstrip geht, und besuchen Sie die spektakulären Marquesas, eine der isoliertesten Inselgruppen der Welt. Landgänge ermöglichen einen seltenen Einblick und umfassen die Besichtigung archäologischer Stätten oder den Gottesdienst in einer Dorfkirche. www.aranui.com

© DAVID MERRON / GETTY IMAGES

Antarktis
Ein Veranstalter hat auf seiner gesamten Flotte Einwegplastik getilgt, stellt die Uniformen der Crew aus recyceltem Plastik her und hat neue Schiffe mit reduzierendem CO_2-Ausstoß in Auftrag gegeben. Das Unternehmen wurde 2019 die erste CO_2-neutrale Kreuzfahrtlinie der Welt. Insgesamt also eine würdige Alternative für die Erkundung äußerst fragiler Kreuzfahrtdestinationen wie die Antarktis. www.expeditions.com

Galápagosinseln
Alle Wasserfahrzeuge müssen sich an strenge Standards halten, einige sind umweltfreundlicher als andere, beispielsweise die Grand Queen Beatriz. Das erste maßgeschneiderte Schiff des CO_2-neutralen Touranbieters Peregrine wird als die nachhaltigste Kreuzfahrtexpedition der Region angepriesen. Es ist Platz für 16 Passagiere, wurde vor Ort entworfen und ist mit treibstoffsparender Technologie ausgestattet, auch mit Solartechnologie. Die üblichen Einwegplastikwaren sind von Bord verbannt. www.peregrineadventures.com

Andenküste
2019 ließ die norwegische Kreuzfahrtlinie Hurtigruten, die sich selbst als ›das grünste Kreuzfahrtunternehmen der Welt‹ bezeichnet, das weltweit erste Hybrid-Expeditionsschiff vom Stapel, benannt nach Roald Amundsen. Mit ihr kann man problemlos in polaren Gewässern kreuzen. Die Routen entlang der südamerikanischen Andenküste sind toll, um weniger besuchte Ecken zu erkunden. www.hurtigruten.com

Der Nil
Besichtigen Sie die Attraktionen zwischen Luxor und Assuan auf einem traditionellen Segelboot. Nicht nur sind die sogenannten *dahabiya* äußerst umweltfreundlich (ein Schleppboot kommt nur bei Flaute zum Einsatz), die meisten Unternehmen sind zudem in lokaler Hand. Die Boote befördern bis zu 18 Gäste. www.dahabiyanilesailing.com

Die Donau
Die einzige Flusskreuzfahrtsgesellschaft auf europäischen Wasserwegen, die sich das Nachhaltigkeits-Gütesiegel »Green Certificate« von Green Globe verdient hat, ist das Familienunternehmen Amadeus. Europas erste Flusskreuzfahrtslinie mit freiwilligem CO_2-Ausgleich steuert bei jeder Spende 25 % zusätzlich hinzu. Genießen Sie den Komfort der neuesten Anschaffung, die Amadeus Star, die derzeit auf fünf Routen die Donau befährt. www.amadeus-rivercruises.com

Der Mekong
Die luxuriöse Boutique-Fluss- und Jachtkreuzfahrtlinie Aqua Expeditions konnte sich als Vorreiter für Nachhaltigkeit etablieren. Die noble Aqua Mekong wurde in Vietnam aus nachhaltigen Materialien der Region gebaut und ist mit modernster sauberer Technologie ausgestattet, darunter emissionsarme Motoren und umweltfreundliche Barkassen. Zudem kommen biologisch abbaubare Reinigungsmittel zum Einsatz. Einwegplastik wird nach und nach von Bord verbannt. www.aquaexpeditions.com

Zehn umweltfreundliche Städtetrips

Städte mit grüner Politik machen es ihren Besuchern leichter, ebenfalls einen Beitrag zu leisten. In diesen wird der Umweltschutz während des Aufenthalts zum Kinderspiel.

Vancouver, Kanada

Die 2011 beschlossenen hochfliegenden Ziele des Greenest City 2020 Action Plans wurden beinah erreicht. Durch enorme Verbesserungen am öffentlichen Nahverkehr – wie die Einführung des Fahrrad-Sharing-Service Mobi – können Besucher auch ohne Auto bequem die Stadt erkunden. Plastikstrohhalme, Styroporbecher und Imbissverpackungen wurden 2020 verboten.

★ **Nicht verpassen**: Fahrradtour durch die grüne Lunge der Stadt, den Stanley Park.

★ **Nachhaltiger Aufenthalt**: Die Skwachàys Lodge subventioniert mit einem Teil der Einkünfte Wohnraum im selben restaurierten viktorianischen Gebäude für indigene Künstler. www.skwachays.com

Kopenhagen, Dänemark

Nachhaltigkeit ist ein großes Thema in Dänemark. Da in der Hauptstadt auf jedes Auto fünf Drahtesel kommen, kann man problemlos mit dem städtischen Fahrrad-Sharing-Konzept Bycyklen herumkommen. Oder man erkundet die Wasserwege mit den elektrischen GoBoats. Die meisten Restaurants verarbeiten regionale Bioprodukte, und der Hafen ist so sauber, dass man darin schwimmen kann!

★ **Nicht verpassen**: Skifahren auf dem CopenHill, eine künstliche Skirampe auf einer Müllverbrennungsanlage. Im Komplex gibt es eine 85 m hohe Kletterwand. www.copenhill.dk

★ **Nachhaltiger Aufenthalt**: Brøchner hat als erstes Unternehmen in Dänemark ein chemikalienfreies Hotel eröffnet. 2019 wurde das Hotel Ottilia in der ehemaligen Carlsberg-Brauerei eröffnet und rühmt sich mit der gleichen Auszeichnung – plus, hier gibt es täglich eine kostenlose Weinstunde. www.brochner-hotels.com/hotel-ottilia

Singapur

Eine Strafe von 300 Singapur-Dollar fürs achtlose Wegwerfen von Abfall, strenge Umweltauflagen beim Bau und innovative Ansätze zum Schutz von

werden angehalten, sich an den Einheimischen zu orientieren: kürzer duschen, die Toilette seltener spülen und Handdesinfektionsmittel verwenden.

- ★ **Nicht verpassen**: Wanderung (oder eine Fahrt mit der CO2-neutralen Seilbahn) zum höchsten Punkt des Tafelbergs für einen unvergleichlichen Blick auf Stadt und Meer.
- ★ **Nachhaltiger Aufenthalt**: Das Backpack Hostel wurde von Fair Trade Tourism zertifiziert, einer Organisation, die bewährte Verfahren in Afrika anerkennt. Es ermuntert Gäste, an die Gemeinschaft zurückzugeben, zum Beispiel durch Initiativen wie das Mitstricken an Bettdecken, die an Waisenhäuser verteilt werden. Zu den vielen grünen Maßnahmen zählen auch Wurmfarmen, die sich um die Kompostierung der Gemüseabfälle des Hostels kümmern. www.backpackers.co.za

Grünflächen (oder zur Schaffung neuer, siehe Jewel Changi Airport), das sind Belege für Singapurs Bestreben, eine der grünsten Städte der Welt zu werden. Die Regierung zögert noch, Einwegplastik komplett zu verbieten, doch das Problem findet bei den Anwohnern immer mehr Beachtung.

- ★ **Nicht verpassen**: Baumkronenspaziergang auf dem Southern-Ridges-Weg, der fünf Parks und Naturreservate miteinander verknüpft.
- ★ **Nachhaltiger Aufenthalt**: Wasserfälle, sich selbst bewässernde Dachterrassen und die vertikalen Gärten des Parkroyal on Pickering sind so gestaltet, dass Technologie und Umwelt nahtlos ineinandergreifen und das Gebäude angenehm kühlen. www.panpacific.com

Kapstadt, Südafrika

Die Wasserkrise von 2018 revolutionierte die Beziehung der Stadt zum Wasser. Auch nach der Krise ist der Verbrauch weiterhin niedrig. Besucher

Edinburgh, Schottland

Die Stadt führt immer wieder die Liste der grünsten Städte Großbritanniens an, und das aus gutem Grund. Beachtliche 49 % von Edinburgh sind Grünflächen, es gibt jede Menge Ladestationen für E-Autos und viele Unternehmen verfolgen eine bemerkenswerte Umweltpolitik. Ganz vorn steht dabei das Edinburgh Fringe; nicht nur werden Schritte unternommen, um das Comedy-Festival umweltfreundlicher zu gestalten, es wurde zudem ein umfassender Leitfaden entwickelt, der der gesamten Branche helfen soll, grünere Veranstaltungen zu organisieren.

- ★ **Nicht verpassen**: Besteigen Sie den 251 m hohen Arthur's Seat für einen erstklassigen Blick auf die Skyline, vielleicht haben Sie dabei ein gesundes, plastikfreies Picknick von der Hula Juice Bar im Gepäck. www.hulajuicebar.co.uk
- ★ **Nachhaltiger Aufenthalt**: Starten Sie gut in den Tag in einem viktorianischen Stadthaus in Edinburghs New Town mit einem organischen, regionalen Frühstück im umweltbewussten McCraes Bed & Breakfast. www.mccraes.co.uk

Bogotá, Kolumbien

Die kolumbianische Hauptstadt hat ihr Image aufpoliert und sich einen grünen Anstrich verpasst. Neue große Express-Busse und an Sonntagen für den Verkehr gesperrte Hauptstraßen spielen eine wichtige Rolle beim Kampf gegen die Luftverschmutzung. Umweltverträgliche Neubauten bereichern das Stadtbild. Die Restaurants schließen sich ebenfalls der Bewegung an: Nachhaltige und vegan-freundliche Cafés wie das Canasto Picnic Bistró sind der letzte Schrei (www.facebook.com/canastopicnicbistro).

★ **Nicht verpassen**: Parks, Plätze, historische Bauten sowie die turbulente Geschichte der Stadt per Zweirad erkunden. www.bogotabiketours.com

★ **Nachhaltiger Aufenthalt**: Das Biohotel Organic Suites kombiniert Luxus mit dem größten Respekt für die Umwelt. Es gibt ein umfangreiches Solarsystem, organische Bettwäsche, erneuerbare Holzmöbel und Teppiche aus komplett recycelten Materialien. Die Fitnessgeräte produzieren bei Nutzung Energie. www.biohotelcolombia.com

San Francisco, USA

San Francisco ist die erste Stadt der USA mit einem Verbot von Plastiktüten. Man ist außerdem Vorreiter bei der Abfallentsorgung, Wasserverwaltung, umweltfreundlichen Bauvorhaben und grünem Transport – über 60 % der Taxen fahren mit alternativen Brennstoffen. 2019 wurden Plastikstrohhalme verboten, am Flughafen die Plastikwasserflaschen. Zahlreiche Restaurants nutzen kompostierbares Geschirr, was das Essen zum Mitnehmen gleich viel sorgenfreier gestaltet.

★ **Nicht verpassen**: Bummel in den Vintageläden in der Valencia Street im Mission District und in der Haight Street im Haight-Ashbury District.

★ **Nachhaltiger Aufenthalt**: Das nautisch angehauchte Argonaut Hotel am Fisherman's Wharf weitet seine bemerkenswerten Ökoinitiativen auch auf das hauseigene Restaurant aus. Dieses hat sich verpflichtet, nachhaltig gefangene Meeresfrüchte zu servieren und altes Küchenfett in Biotreibstoff umzuwandeln. www.argonauthotel.com

Wellington, Neuseeland

Ende 2019 verankerte Neuseeland seine Zusagen zum Pariser Klimaabkommen per Gesetz und ist dabei, seine CO_2-neutralen Ziele bis 2050 umzusetzen. Wellington ist mit dem niedrigsten Pro-Kopf-Ausstoß in ganz Australasien an der Spitze dieser Bewegung. Die Stadt mit ihren umweltbewussten Cafés (viele davon mit »Tassenbüchereien«) erkundet man am besten zu Fuß.

★ **Nicht verpassen**: Touring Zealandia, das erste umzäunte Naturschutzgebiet der Welt, soll ein Tal in den Urzustand vor Eintreffen des Menschen zurückverwandeln, komplett mit Vegetation und Frischwasserökosystem. www.visitzealandia.com

★ **Nachhaltiger Aufenthalt**: Das Bolton Hotel kauft regional ein und reduziert Energieverbrauch und Müll. Die Recyclingstationen im Haus motivieren zum Mitmachen. www.boltonhotel.co.nz

Tel Aviv, Israel
Die Stadt ist Heimat eines der größten Müllhaldenregenerationsprojekte der Welt (Ariel Sharon Park) und hat überwiegend ebene Straßen, perfekt für das Fahrrad-Sharing-Angebot Tel-O-Fun. Besonders die Restaurantszene ist zu erwähnen. In der Vegan-Hauptstadt der Welt bieten die meisten Lokale unzählige pflanzenbasierte Gerichte aus Produkten an, die in einem immer größer werdenden Netzwerk aus Dachgärten gezogen werden.

★ **Nicht verpassen**: Entdecken Sie, wie gut vegane Küche wirklich schmeckt in den circa 400 veganen und vegan-freundlichen Restaurants der Stadt, wie zum Beispiel bei Bana. www.banatlv.com

★ **Nachhaltiger Aufenthalt**: Neben der energiesparenden und verantwortungsvollen Abfallentsorgung sowie der kompromisslosen Haltung gegenüber Einwegplastik ist das Boutiquehotel The Vera ausschließlich mit den Werken lokaler Kunstgewerbler eingerichtet – bis zu den Bio-Toilettenartikeln. www.theverahotel.com

Oslo, Norwegen
Die European Green Capital von 2019 ist im wahrsten Sinne des Wortes elektrisierend. Bereits Welthauptstadt für E-Autos, wurde 2019 ein E-Roller-Sharing-System eingeführt. Die Fähren stellen nach und nach auf Strombetrieb um. Die angesagteste neue Attraktion – das 2020 eröffnete Munch Museum – wurde nach strengen Ökostandards errichtet.

★ **Nicht verpassen**: Entdecken Sie Oslos urbane Saunakultur in einer der vier schwimmenden Saunen im Oslo-Fjord. Die Måken Sauna ist im Hafen von Bjørvika vertäut und wurde komplett aus Treibholz und recycelten Materialien erbaut. www.oslofjordsauna.com

★ **Nachhaltiger Aufenthalt**: Das PS:Hotel ist Teil des nachhaltigen Städtebauprojekts Vulkan. Hier legt man Wert darauf, Arbeitnehmern eine Chance zu geben, die aus unterschiedlichen Gründen Unterstützung beim Einstieg in den Arbeitsmarkt benötigen. www.pshotel.no

Zehn umweltfreundliche Wanderungen

Ein Wanderurlaub, die ultimative Form des Slow Travel, bietet die fabelhafte Möglichkeit, sich aktiv mit der Natur und der lokalen Bevölkerung bekanntzumachen. Schnüren Sie Ihre Wanderschuhe für diese einmaligen und nachhaltigen Wanderabenteuer.

Tamang Heritage Trail, Nepal

Dauer: 6 Tage

Der kaum beachtete Rundweg am Westrand des Nationalparks Langtang nördlich von Kathmandu ist voller herrlicher Bergpanoramen. Er führt durch abgeschiedene tibetanische Tamang-Dörfer, wo die Zeit vor Jahrhunderten stehengeblieben zu sein scheint. Indem man in den schlichten Teehäusern für Händler und nicht für Touristen übernachtet, bietet man den Tamangs, die unter den Folgen des Erdbebens von 2015 sehr zu leiden hatten, die Chance auf ein passables Auskommen.

Via Fracigena, Italien

Dauer: 16 Tage

Für viele ist der Höhepunkt der antiken 2000 km langen Pilgerroute, die das englische Canterbury mit Rom verbindet, der 354-Kilometer-Abschnitt durch die Toskana, aufgeteilt in 16 Teilabschnitte. Man ist meilenweit entfernt von den vor Touristen überquellenden Piazzas von Florenz und Siena.
www.viefrancigene.org

Cirque de Mafate, Réunion

Dauer: 3-5 Tage

Zum Cirque de Mafate, einem Talkessel des französischen Übersee-Départements im Indischen Ozean, geht es nur zu Fuß. Gut, dass die Handvoll Dörfer, Wasserfälle, Schluchten und von Urwald überwucherten Gipfel der üppigen Caldera durch einen bildschönen und nicht überlaufenen Rundweg miteinander verbunden sind. Viele der Einheimischen verdienen sich etwas hinzu mit ihren Gîtes (Gästehäusern), typische Bergunterkünfte, in denen man die köstlichsten Creole-Currys der Insel serviert bekommt.

Transcaucasian Trail, Armenien und Georgien

Dauer: 5-7 Tage pro Etappe

Einmal fertiggestellt wird dieser 3000 km lange Wanderweg, der durch den Großen und Kleinen Kaukasus führt, zu den besten Fernwanderwegen der Welt zählen. Mehrere Etappen sind bereits eröffnet (darunter der 125 km lange Abschnitt Wajoz Dsor in Armenien, der 2019 vollendet wurde). Bei einem zweiwöchigen Wegebau-Programm können sich Reisende aktiv an der Vollendung der Strecke beteiligen.
www.transcaucasiantrail.org

Salkantay Trail, Peru

Dauer: 4-5 Tage

Helfen Sie mit, den weltberühmten Inka Trail zu entlasten, indem Sie sich für diese höher gelegene Machu-Picchu-Route entscheiden. Von hier hat man einen fantastischen Blick auf den Namensgeber des Wegs, den höchsten Gipfel des Vilcabamba-Gebirges. Der herausfordernde Salkantay Trail erreicht eine Maximalhöhe von 4600 m und endet in Agas Calientes am Fuße der Inka-Ruine.

Wukalinka Walk, Australien
Dauer: 4 Tage
Der Wanderweg ist der erste in Tasmanien, der sich im Besitz der Palawa (Ureinwohner) befindet und von ihnen verwaltet wird. Auf der leichten Tour mit Führer erfährt man alles über Geschichte und Aborigine-Kultur der Regionen larapuna (Bay of Fires) und wukalina (Mount William). www.wukalinawalk.com.au

Mount Kenya, Kenia
Dauer: 2-4 Tage
Vom Gipfel des höchsten Bergs Kenias aus hat man einen herrlichen Blick auf Afrika und umgeht die Besuchermassen des Kilimandscharo. Eigentlich hat der Mount Kenya drei Gipfel, wobei die meisten Wanderer den Point Lenana (4985 m), der das wenigste technische Wissen erfordert, bevorzugen. Führer sind zwar nicht vorgeschrieben, doch die Anwerbung eines solchen unterstützt sinnvoll die lokale Wirtschaft, die unter der Gletscherschmelze leidet.

Historischer Weg, Portugal
Dauer: 10 Tage
Der 263 km lange Historische Weg ist Teil der Wanderroute Rota Vicentina, die sich kreuz und quer durch die portugiesische Landschaft zieht. Er besteht aus 13 Etappen, die mehrere Dörfer in touristisch nicht erschlossenen Gebieten miteinander verbinden. Das Privatunternehmen, das für die Instandhaltung der Wege verantwortlich ist, operiert nachhaltig und arbeitet eng mit der einheimischen Bevölkerung zusammen. So werden den Besuchern einzigartige Erlebnisse geboten, die dazu beitragen, die Unberührtheit der Region zu wahren. www.rotavicentina.com

Jordan Trail, Jordanien
Dauer: 40 Tage
Dieser 2017 eröffnete Wanderweg durchquert die Gesamtlänge Jordaniens – eine einzigartige Möglichkeit, das Land zu erkunden. Die meisten Wanderer knöpfen sich einen oder mehrere der acht Abschnitte vor. Wer die sechste Etappe wählt, die das Biosphärenreservat Dana mit Petra verbindet, kann eine Nacht in der Feynan Ecolodge (www.ecohotels.me) verbringen, einer der besten Ökolodges der Welt. www.jordantrail.org

Long Trail, USA
Dauer: 19 Tage
Vermont gilt als einer der grünsten Staaten der USA, ideal zum Wandern. Dieser 169 km lange Wildnispfad durchquert ihn in seiner Gesamtlänge. Dank der über 70 Wildcampingstellen und 103 km Nebenstrecken gibt es endlos viele Möglichkeiten, sich den Herausforderungen dieses klassischen und doch kaum beachteten Wanderwegs zu stellen.

© MATT MUNRO / LONELY PLANET

TOP-TIPP

Was Guyana an traditionellem Kunsthandwerk vermissen lässt, das gleicht es mit hochwertigen lokalen Erzeugnissen wieder aus, von Erdnussbutter bis Kokosöl, von scharfen Saucen bis Currygewürzen. Besuchen Sie zum Beispiel den Guyana Shop in Georgetown (Ecke Robb und Alexander Street).

Praktische Hinweise

Georgetown

Luftige Kleidung mit langen Ärmeln, ein Hut und extra viel Sonnencreme und Insektenschutzmittel sind unerlässlich für einen Ausflug ins Landesinnere. Mit dem Fernglas hat man bessere Chancen, wilde Tiere zu beobachten.

Die Kaieteur-Fälle sind das ganze Jahr über atemberaubend, doch am schönsten sind sie gleich nach der Hauptregenzeit (von Mai bis Anfang August). In den feuchteren Monaten kann sich die Reise ins Landesinnere schwierig gestalten.

$$$

Es ist möglich, von Brasilien aus bei Lethem über die Landroute nach Guyana einzureisen, praktisch für den Besuch der Lodges in der Region Rupununi. Die Fahrt von Georgetown nach Paramaribo dauert ungefähr neun Stunden, inklusive einer Fährfahrt an der Grenze zu Surinam.

Guyana

In Guyana gibt es den höchsten einstufigen Wasserfall der Welt sowie 18 % der tropischen Regenwälder unseres Planeten; doch dabei bleibt es nicht: Man ist bemüht, nachhaltige Erlebnisse zu entwickeln, die die indigene Kultur schützen und ihre Bewahrung fördern.

Zwischen Venezuela und Surinam liegt Guyana, gehandelt als bestgehütetes Geheimnis Südamerikas. Kein Wunder: menschenleere Strände im Norden, schroffe Gebirgsketten im Westen, endlose Savannen im Süden und drumherum viel urwüchsiger Regenwald mit unermesslichem Wildreichtum.

Wo andere Länder die Auswirkungen einer nicht nachhaltigen Tourismusentwicklung spüren, genießt Guyana den Vorteil, das Thema bewusster angehen zu können, da der Tourismus noch in den Kinderschuhen steckt. Zahlreiche Unterkünfte im dünn besiedelten Landesinneren befinden sich in lokaler Hand. Grund genug für viele, in den Dörfer zu bleiben und nicht ihr Auskommen im Bergbau oder in der Holzwirtschaft zu suchen.

Guyana nachhaltig erkunden

★ Ökolodges und Ranches liegen sehr abgeschieden. Vermeiden Sie Druck auf Ihre Gastgeber und reisen Sie mit der richtigen Ausrüstung und Arzneien an.

★ Guyana verfügt derzeit über keine Recyclinganlagen, weshalb es sinnvoll ist, im Gepäck ein wenig Platz zu lassen, um einen Teil der Wertstoffe fürs Recycling mit nach Hause zu nehmen.

★ Besuchen Sie keine Schulen in entlegenen Gemeinden,

© TANE-MAHUTA / GETTY IMAGES

da Touristenbesuche den Unterricht stören.

★ Reisen Sie mit dem Bus und nicht mit dem Flugzeug ins Landesinnere.

★ Haben Sie biologisch abbaubare Toilettenartikel dabei.

★ Planen Sie einen Abstecher ins über Land erreichbare Surinam mit ein.

GRÜNE UNTERKÜNFTE

- ★ Die tief im Dschungel von Guyana gelegene Rewa Eco-Lodge – eine von der Gemeinschaft getragene Ökolodge – garantiert authentische Abenteuer auf dem Rupununi River mit indianischen Führern. www.rewaecolodge.com
- ★ In der zauberhaften, kompetent geführten Atta Rainforest Lodge im Iwokrama Forest, können Sie vom Baumwipfelpfad aus Vögel beobachten oder auf Trampelpfaden nach Jaguaren suchen. www.attarainforestlodge.com
- ★ Die Warapoka Lodge in Guyanas Westen bietet ein gemeinschaftsbasiertes Tourismuserlebnis jenseits des Rupununi. Ein toller Ausgangspunkt, um nach Harpyien Ausschau zu halten. Buchung über www.wilderness-explorers.com

GEBEN SIE ETWAS ZURÜCK

- ★ Artikel des täglichen Bedarfs wie Kleidung, Kinderspielzeug, Schreibwaren und nicht verschreibungspflichtige Medikamente werden in abgelegenen Gemeinden immer benötigt. Bedenken Sie vor dem Kauf die Nachhaltigkeit von Waren wie Spielsachen und überreichen Sie die Geschenke lieber dem Dorfältesten oder dem Lodge-Manager anstatt direkt den Kindern.
- ★ Die Rupununi Learners Foundation im Caiman House hat den Bau von Klassenzimmerbüchereien und einer Bücherei im Dorf finanziert und ist bestrebt, andere Gemeinden mit ähnlichen Mitteln zu unterstützen. Bringen Sie Bücherspenden mit oder fragen Sie bei der Stiftung nach, was noch benötigt wird. www.rupununilearners.org

© WARAPOKA LODGE

© WARAPOKA LODGE

Vorherige Seite, von links: Kaieteur-Fälle; freilebender Jaguar im Regenwald von Guyana.
Links: Harpyie und tropische Pflanzen in der Warapoka Lodge.
Gegenüber: Caiman House Lodge aus der Vogelperspektive.

INSPIRATION UND INFORMATION

- **Wild Coast: Travels on South America's Untamed Edge** von John Gimlette (2011)
- Lonely Planet **Reiseführer Südamerika**
- **Jungle Fish** (2012) von Louisiana Kreutz

NÜTZLICHE APP

Für wichtige Informationen wie Brückenzustände und Fährzeiten, die Lage von Bushaltestellen und mehr laden Sie sich die Guyana's Home App auf Ihr Handy.

© CAIMAN HOUSE LODGE

Ultimative nachhaltige Reiseerlebnisse

- ★ **Entdecken Sie Guyanas unglaubliche Tierwelt** – von riesigen Ottern zu schwarzen Kaimanen und vielleicht sogar Jaguare – auf Wander- und Flusssafaris, die von den Ökolodges im Landesinneren organisiert werden.
- ★ **Erleben Sie das Tosen der Kaieteur-Fälle,** die doppelt so hoch sind wie die Victoriafälle in Afrika.
- ★ **Probieren Sie lokale Spezialitäten im Backyard Cafe,** als Gast im Garten des passionierten einheimischen Kochs Delven Adam. www.facebook.com/backyardcafeonline
- ★ **Geben Sie Ihre Touristendollars jenseits der üblichen Verdächtigen aus,** indem Sie den aufstrebenden Süden von Rupununi und darüber hinaus erkunden.
- ★ **Erfahren Sie mehr über Naturschutz an der Basis** bei einem Aufenthalt in der Karanambu Lodge (www.karanambutrustandlodge.org) und im Caiman House (www.caimanhouse.com) in Zentral-Rupunini, beides Naturschutzzentren, die sich mit Touristenaufenthalten finanzieren.

TOP-TIPP

Der samstägliche Salamanca Market im Hafen von Hobart ist der perfekte Anlaufpunkt für regionale Erzeugnisse und lokal hergestellte Souvenirs.

Praktische Hinweise

Hobart; Launceston

Fähren pendeln mindestens einmal täglich zwischen Melbourne und dem tasmanischen Davenport (10 Std.).

Die tasmanische Wildnis kann unbarmherzig sein. Mehrtägige Wanderungen erfordern viel Selbstständigkeit. Die Grundausstattung umfasst adäquate Wanderschuhe, Regenkleidung und ein Erste-Hilfe-Set.

Tasmanien kann ganzjährig besucht werden, doch viele Anbieter gehen während der kühleren Monate (Ende Mai bis Ende September) in die Winterpause. Wanderer sollten sich in dieser Zeit in höheren Lagen auf Schnee einstellen.

$$$

Tasmanien

Tasmanien, fast zur Hälfte durch Nationalparks und Naturreservate geschützt, ist der grünste Bundesstaat Australiens. Gesäumt von unberührten Stränden und durchzogen von Wander- und Mountainbikestrecken, ist es ein Paradies für Outdoorabenteurer.

Einst als rückständig verschrien, zählt »Tassie« heute zu den beliebtesten Destinationen Australiens. Dies birgt einige Herausforderungen, doch der Bundesstaat mit der ersten Grünenpartei ist bemüht, die Branche nachhaltig zu entwickeln. Eine vereinte Kraftanstrengung – wo Restaurants regionale Erzeugnisse hochleben lassen, Hotels nach und nach Einwegplastik im großen Stil verbannen, und Touranbieter sich für das umweltschonende Verhalten ihrer Gäste starkmachen. So soll einer der letzten unberührten Orte der Welt geschützt werden.

Tasmanien nachhaltig erkunden

★ Bereiten Sie sich auf eine Wanderung gründlich mithilfe des Videos von Tasmania Parks & Wildlife Service vor. www.parks.tas.gov.au

★ Was Sie mitnehmen, sollte auch wieder mit Ihnen zurückkommen, von Apfelgehäusen bis Toilettenpapier.

★ Verwenden Sie biologisch abbaubare Hygieneartikel, um die Umweltbelastung zu minimieren.

★ Fördern Sie keine Importwaren, essen Sie in Restaurants, die regional kochen.

★ Reisen Sie nicht mit einem großen Kreuzfahrtschiff an, da diese Hobart regelrecht »überrollen«.

★ Die Australian Marine Conservation Society rät, keinen gezüchteten »tasmanischen« Atlantiklachs zu verzehren, da er als bedenklich für die Umwelt gilt.

GRÜNE UNTERKÜNFTE

- ★ Das erste »Storytelling-Hotel« Australiens, MACq 01, eine todschicke Unterkunft am Hafen, will Plastik Geschichte werden lassen, indem die Gäste dazu angeregt werden, sich an Hobarts sauberem Trinkwasser zu laben. www.macq01.com.au
- ★ Freilebende Quolls und Tasmanische Teufel kann man in einer bequemen Hütte der Mountain Valley Wilderness Holidays beobachten – gemanagte Unterkunft im Naturschutzgebiet am Cradle Mountain. www.mountainvalley.com.au
- ★ Am Three Capes Track (www.threecapestrack.com.au) findet man umweltschonende Design-Wanderhütten. Die Tasmania Walking Company (www. taswalkingco.com.au) bietet Touren mit Übernachtungen in luxuriösen Ökolodges an.

GEBEN SIE ETWAS ZURÜCK

- ★ Adoptieren Sie mit Wildcare Tasmania einen Pinguin für etwa 20 Australische Dollar. Die gemeinnützige Organisation engagiert sich überall im Staat bei Naturschutzinitiativen, von der Pflege verletzter Tiere zur Aufklärungsarbeit. www.wildcaretas.org.au
- ★ Bringen Sie sich ehrenamtlich für ein Projekt ein, zum Beispiel bei der Wiederherstellung von Lebensräumen für Vögel und andere Wildtiere oder bei Strandsäuberungen. www.conservationvolunteers.com.au
- ★ Unterzeichnen Sie die Petitionen der Umweltkampagnen von Tasmania Conservation Trust und spenden Sie für die entsprechenden Zwecke. www.tasconservation.org.au

© ALASTAIR_BETT

© PORT ARTHUR HISTORIC SITE

Vorherige Seite, von links: Wineglass Bay ist nur eine der vielen wunderschönen Buchten in Tasmanien; ein Wallaby am Strand. **Links:** Port Arthur, vor Ort und aus der Vogelperspektive. **Gegenüber:** Am Wasser: die Terrasse des MACq 01.

INSPIRATION UND INFORMATION

- **An Activist Life** von Christine Milne (2017)
- **The Black War: Fear, Sex and Resistance in Tasmania** von Nicholas Clements (2014)
- Lonely Planet **Reiseführer Tasmania**
- **Saving Martha** (2019) von Patagonia

NÜTZLICHE APP

Laden Sie sich auf Ihr Handy die 60 spannenden Kurzwanderungen des Tasmania Parks & Wildlife Service. www.parks.tas.gov.au

© MACQ 01

Ultimative nachhaltige Reiseerlebnisse

★ **Erkunden Sie die rund 880 Wanderwege,** Overland und Three Capes Tracks zu Küstenwanderwegen im Freycinet-Nationalpark und im Narawntapu-Park.

★ **Lernen Sie mehr über Kultur und Geschichte der Palawa (Ureinwohner),** und zwar auf dem Wukalina Walk, der von Aborigines organisiert und durchgeführt wird.

★ **Biken Sie im Maydena-Park** oder auf den Blue Derby MTB-Trails.

★ **Genießen Sie tasmanische Erzeugnisse:** Erlesene Käse, frische Austern, kühlklimatische Weine und preisgekrönte Whiskeys aus kleinen Destillerien.

★ **Fahren Sie mit dem Kajak.** Gute Chancen, einem Schnabeltier zu begegnen, hat man bei einer Tassie Bounds Paddle with the Platypus Tour. www.tassiebound.com.au

★ **Reisen Sie im Winter (Nebensaison) an, erleben Sie das Dark Mofo Festival des Museum of Old and New Art** (www.darkmofo.net.au) und besuchen Sie das Weltkulturerbe Port Arthur. www.portarthur.org.au

TOP-TIPP

Planen Sie Ihren Besuch zwischen März und Oktober, damit Sie nicht die vielen regionalen Spezialitäten in Ljubljanas leckerer (und abfallarmen) Offenen Küche verpassen. www.odprtakuhna.si

Praktische Hinweise

Ljubljana

Gute Wanderschuhe und bequeme Kleidung sind ein Muss, wenn man sich in den vielen fantastischen Outdooraktivitäten und Abenteuern Sloweniens verlieren möchte.

Peilen Sie die Zwischensaison von April bis Mai oder von September bis Oktober an. Dann mag es zwar ein wenig zu kalt zum Schwimmen sein, aber fürs Wandern sind die Temperaturen ideal, und die Zimmerpreise günstiger. Für die Wintermonate gibt es vorzeigbare und erschwingliche Skiangebote.

$ $

Busse verbinden Ljubljana mit Zagreb, Kroatien (2 Std.); Venedig, Italien (4 Std.); Wien, Österreich (6 Std.) und Budapest, Ungarn (7 Std.). Züge verkehren auf ähnlichen Strecken mit vergleichbarer Reisedauer.

Slowenien

Slowenien ist zwar erst 30 Jahre alt, doch der kleine Adriastaat ist mit seinen zahlreichen Naturschutzgebieten, einem umweltfreundlichen Verkehrsnetz und der Liebe zu regionalen Produkten vielen EU-Ländern beim Thema Nachhaltigkeit um Längen voraus.

Ljubljana, einstige European Green Capital, ist eine der attraktivsten Fußgängerstädte Europas. Drumherum befinden sich einige der besten Ökotourismusangebote des Kontinents. Die meisten steuern den Bleder See, die Höhlensysteme oder die Outdooraktivitäten im Sočatal an. Doch es gibt Dutzende menschenleere historische Dörfer, Familienweingüter, Wanderwege, Thermen und mehr zu entdecken.

So erkundet man Slowenien nachhaltig

★ Frischen Sie Ihr Wissen über Slowenien (inklusive Sprache) auf mithilfe des erstklassigen, von der Universität von Ljubljana entwickelten Slovene Learning Online Programms. www.slonline.si

★ Vergessen Sie nicht, Ihre Einkaufstasche einzupacken. Plastiktüten wurden 2019 in den Supermärkten verboten.

★ Wenn Sie planen, ein Auto zu mieten, dann wählen Sie ein E-Auto; die vielen Ladestationen in Slowenien finden Sie auf der Webseite Gremo na Elektrik verzeichnet. www.gremonaelektriko.si

★ Decken Sie sich mit Honig ein; jeder zwanzigste Slowene hält Bienen, und regionale Honigprodukte lassen sich sehr gut zurückverfolgen.

© OPEN KITCHEN

★ Trinken Sie Leitungswasser: Das Land verfügt über eines der besten Trinkwasser der Welt.

★ Ziehen Sie in Erwägung, nicht per Flugzeug anzureisen. Von den vier Nachbarländern aus bestehen zahlreiche Bus- und Zugverbindungen.

GRÜNE UNTERKÜNFTE

- ★ Ljubljanas führendes umweltfreundliches Hotel, das B&B Hotel Ljubljana Park, recycelt beinah 100 % des Mülls, hat eigene Bienenstöcke und Ladestationen für E-Autos. www.hotelpark.si
- ★ Das AMS Beagle unweit des Bleder Sees wird mit biologisch abbaubaren Produkten gereinigt und serviert ein köstliches Frühstück aus regionalen Erzeugnissen. www.amsbeagle.com
- ★ Das in der reizvollen Karstregion gelegene Hotel St. Daniel geht das Thema Ökohotellerie ganzheitlich an. Die Gästezimmer sind mit recycelten Materialien und Bioartikeln im Bad ausgestattet, und im herausragenden Restaurant werden organische Produkte aus der Region verarbeitet. www.stdaniel.si

GEBEN SIE ETWAS ZURÜCK

- ★ Nehmen Sie sich die Zeit für ein leichtes und nahrhaftes slowenisches Mahl in Ljubljanas Gostilna Dela, ein soziales Restaurant, in dem benachteiligte und behinderte junge Leute ausgebildet werden. www.gostilnadela.si
- ★ Lust auf Afrikanisch, Asiatisch oder Südamerikanisch? Das soziale Restaurant Skuhna gibt Migranten die Chance, Arbeit in der Gastronomie zu finden, wobei gegenseitiges Verständnis und kultureller Austausch gefördert werden. www.skuhna.si
- ★ Unterstützen Sie den deutschen Verein Euronatur, der Kampagnen gegen die Braunbärenjagd in Slowenien organisiert und die Einrichtung von Schutzzonen vorantreibt. www.euronatur.org

© OPEN KITCHEN

© HOTEL LJUBLJANA PARK

Vorherige Seite, von links: Paddeln auf dem Bleder See; Offene Küche – Markt in Ljubljana. **Von ganz links:** Kochdemonstration in der Offenen Küche; Bienenstöcke auf dem Dach des Hotels Ljubljana Park. **Gegenüber:** Rast auf der Bike-Slovenia-Green-Strecke.

INSPIRATION UND INFORMATION

- Lonely Planet **Reiseführer Slovenia**
- **The Undamaged** (2018) von Rozle Bregar, Miha Avgustin, Matic Oblak
- **City of Light** (2017)
- **Land of Dreams**, kontinuierlich

PRAKTISCHE APP

Finden Sie mit Ljubljanas Fahrrad-Sharing-App Bicikelj die nächste Fahrrad-Sharing-Station, und prüfen Sie, wie viele Zweiräder verfügbar und Parkplätze frei sind. en.bicikelj.si

Ultimative nachhaltige Reiseerlebnisse

- **Unternehmen Sie eine Verköstigungstour** durch die slowenischen Weinkellereien, viele davon mit Bioweinen im Angebot. Zudem gibt es jede Menge Craftbiere zu entdecken.
- **Knöpfen Sie sich die neuen Radstrecken namens »Bike Slovenia Green« vor,** die man in zwölf grünzertifizierten Regionen Sloweniens angelegt hat: Melden Sie sich beim in Ljubljana ansässigen Anbieter und Streckenentwickler Visit Good Place an. www.visit-goodplace.com
- **Wandern Sie in den Julischen Alpen;** umgehen Sie die Menschenmassen auf dem Triglav, Sloweniens höchstem Gipfel, indem Sie den Aufstieg zur Wildblüte im Juni oder Juli wagen.
- **Genießen Sie Wandern, Rafting, Kajak-, Mountainbike- und sogar Skifahren im Sočatal,** wo man einige der schönsten Flüsse Europas findet.
- **Reisen Sie in den kälteren Monaten an,** damit Sie das Winterwunderland am Bleder See größtenteils für sich haben. In Kranjska Gora kann man ebenfalls Skifahren.

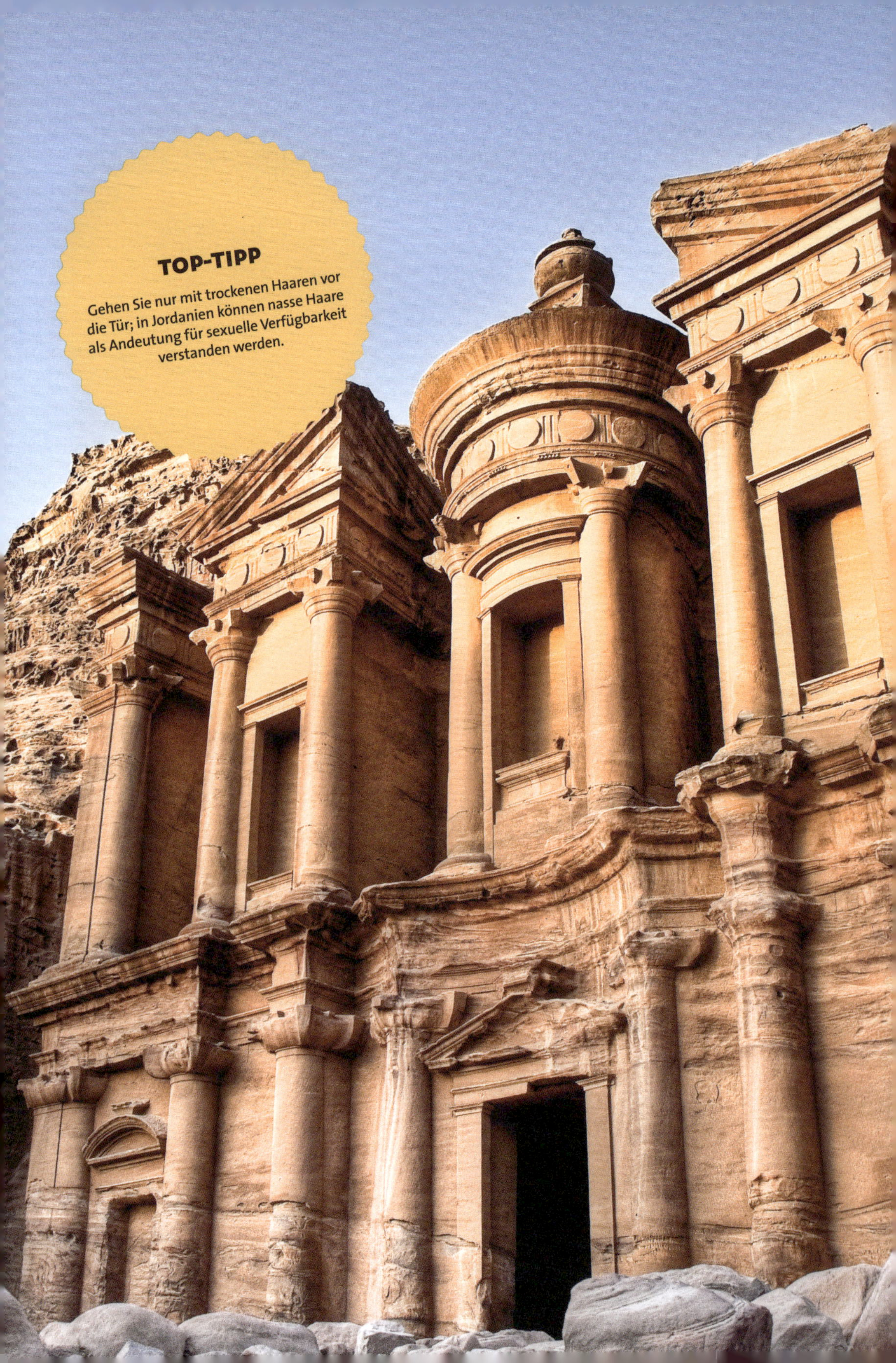

TOP-TIPP

Gehen Sie nur mit trockenen Haaren vor die Tür; in Jordanien können nasse Haare als Andeutung für sexuelle Verfügbarkeit verstanden werden.

Praktische Hinweise

Amman; Akaba

Es gibt drei Landesgrenzübergänge zu Israel. Zwar wird man Ihnen in Israel den Pass nicht stempeln, doch der Ausreisestempel aus Jordanien kann bei der Einreise in Länder wie dem Libanon zu Problemen führen.

Packen Sie luftige, lose Kleidung ein, die die Bekleidungsvorschriften Jordaniens achtet, inklusive einem Kopftuch für den Besuch von Moscheen. Ein Wasserfiltersystem ist unerlässlich.

Von März bis Mai ist das Klima für eine Reise nach Jordanien am günstigsten, wobei die Preise dementsprechend angezogen sind. Wüstennächte sind zwar in der Zwischensaison von September bis Februar frostig kalt, doch dafür gibt es auch weniger Touristen – zumindest außerhalb von Akaba.

$$

Jordanien

Seit Jahrhunderten fasziniert Jordanien mit Weltkulturerbestätten und magischen Wüstenlandschaften. Das Land ist Wegbereiter für einen gemeindebasierten Tourismus im Nahen Osten. An beinah jeder Ecke werden kreative Ideen umgesetzt.

Von der Felsenstadt Petra zu den römischen Ruinen von Gerasa, von der Mondlandschaft des Wadi Rum zur schillernden Unterwasserwelt des Roten Meeres – faszinierende Sehenswürdigkeiten gibt es in Jordanien zuhauf. Doch der wohl größte Vorzug des Landes ist die herzliche Gastfreundschaft. Ob eine Übernachtung bei einer Gastfamilie oder die Einladung eines nomadischen Beduinenhirten zum Tee in einem Ziegenhaarzelt, man kann sie auf unzählige Arten erleben. Wer sich auf diese Abenteuer einlässt, kann die Touristenströme umgehen und das Urlaubsgeld noch besser im Land verteilen.

So erkundet man Jordanien nachhaltig

★ Die Karte »Meaningful Travel Map« des Fremdenverkehrsamts nennt soziale Unternehmungen, die Sie unterstützen können. www.myjordanjourney.com

★ Verschmutzung durch Plastik, vor allem Plastikflaschen, ist für Jordanien ein großes Problem.

★ Orientieren Sie sich nicht an den Miniröcken und Spaghettiträgern der Touristen: die Knie und Schultern immer zu bedecken zeugt von Respekt.

★ Verzichten Sie in Petra auf Ausritte mit Pferd, Esel oder Kamel. Örtliche Organisationen behaupten zwar, dass mit den Besitzern zusammengearbeitet wird, doch Tierschützer kritisieren, dass noch nicht genug unternommen wurde.

© TOM MACKIE / LONELY PLANET

★ Sparen Sie Wasser: Momentan deckt die Versorgung aus Aufbereitungsanlagen nur die Hälfte des jordanischen Gesamtverbrauchs ab.

GRÜNE UNTERKÜNFTE

- ★ Erleben Sie die Gastfreundschaft der Beduinen im netzfernen Luxus der solarbetriebenen Feynan Ecolodge im Biosphärenreservat Dana. Sie ist Basis für Ausflüge in die Natur und das Eintauchen in die Kultur: Mountainbiketrips zu römischen Ruinen oder Verköstigung mit kardamomgewürztem Kaffee in einem traditionellen Ziegenhaarzelt. www.ecohotels.me
- ★ Das Gästehaus Beit al Baraka befindet sich im Dörfchen Umm Qais im Norden des Landes. Hier wird die lokale Gemeinschaft dazu angeregt, touristische Aktivitäten anzubieten, ob Crashkurse für Imkerei oder für die Nahrungssuche in der Wildnis. Das organische Frühstück allein lohnt den Aufenthalt. www.barakadestinations.com

GEBEN SIE ETWAS ZURÜCK

- ★ Unterstützen Sie örtliche Kunstgewerblerinnen und erstehen Sie im Bani Hamida Weaving Centre & Gallery in der Ortschaft Mukawir farbenprächtige Kilims und Kissen. Die Frauenkooperative hat zurzeit knapp 60 Vollzeitarbeiterinnen aus 13 Dörfern in Anstellung. www.jordanriver.jo
- ★ Probieren Sie köstliche traditionelle Gerichte im Beit Khairat Souf nordöstlich von Gerasa. Das soziale Restaurant verkauft auch selbstgemachte Naturlebensmittel (von exotischen eingelegten Gemüsen zu handgepresstem Olivenöl). Ortsansässige Frauen, die sonst nur schwer einen Markt für ihre Produkte finden, werden hier beschäftigt. www.facebook.com/baitkhayratsoof

© BRIAN SCANNELL / FEYNAN ECOLODGE

© RAED KHAWALDEH / FEYNAN ECOLODGE

Vorherige Seite, von links: Petra; Salzkristalle am Toten Meeres. **Von ganz links:** Kerzenzieher, Feynan Ecolodge; Nubischer Steinbock. **Gegenüber:** Abendessen unterm Sternenhimmel in der Feynan Ecolodge.

INSPIRATION UND INFORMATION

- **Im Geist der Versöhnung: mein Leben zwischen zwei Welten** von Noor Al-Hussein (2003)
- Lonely Planet **Reiseführer Jordanien**
- **Theeb** (2014) von Naji Abu Nowar
- **17** (2017)

PRAKTISCHE APP

Laden Sie sich die App Aroundtown auf Ihr Handy für Tipps und Infos zu Restaurants, Nachtleben und Veranstaltungen in Amman. www.aroundtowncities.com

© BASHAR ALAEDDIN / FEYNAN ECOLODGE

Ultimative nachhaltige Reiseerlebnisse

- ★ **Erwandern Sie mindestens eine Etappe des sagenhaften 600 km langen Jordan Trail,** der einmal das ganze Land inklusive Petra durchschneidet.
- ★ **Halten Sie Ausschau nach den neonblauen Agamen** bei einem Besuch mit einem Beduinenführer im atemberaubenden Biosphärenreservat Dana.
- ★ **Lernen Sie das typische Leben der Einheimischen bei einem Gastaufenthalt kennen.** Dies lässt sich über die Al Ayoun Society arrangieren, die erste Tourismuskooperative Jordaniens. www.facebook.com/alayounsociety
- ★ **Nehmen Sie an einer Safari im Shaumari teil,** ein Naturschutzgebiet, das eingerichtet wurde, um in der Region wilde Tiere neu anzusiedeln. www.rscn.org.jo
- ★ **Erkunden Sie zu Fuß die römischen Ruinen,** Museen, Cafés und das quirlige Leben auf den Straßen von Amman.
- ★ **Besichtigen Sie die entfernteren Kreuzfahrerburgen und Festungen,** die nur einen Bruchteil der Besuchermassen von Petra erhalten.

TOP-TIPP

Wegen starker Strömungen sind viele Tauchstellen in Palau nur für »Advanced Open Water«-Taucher geeignet. Tauchhandschuhe sind zulässig, wenn man sich in den Wellen am Festmacher festhalten möchte.

Praktische Hinweise

Palau

Die Anreise über Land oder mit dem Schiff ist nicht möglich.

Checken Sie vorab, ob es einen Denguefieberausbruch gegeben hat; luftige Kleidung mit langen Ärmeln ist ein ausgezeichneter und umweltverträglicher Schutz gegen Mückenstiche.

Da das ruhigere Wasser von Dezember bis März mehr Touristen anlockt, überlegen Sie, ob Sie nicht lieber in der Zwischensaison (von April bis Mai oder von September bis Oktober) anreisen wollen. Auch dann lässt es sich noch gut tauchen, und die Hotelpreise sind gesunken.

$$$

Palau

Palau ist das erste Land der Welt mit Einwanderungsgesetzen, die einen nachhaltigen Tourismus fördern. Für das Visum müssen Besucher unterschreiben, die Naturschutzbemühungen des mikronesischen Archipels ebenfalls mitzutragen.

Ähnlich wie bei vielen anderen Inselnationen hängt auch Palaus Wirtschaft größtenteils vom Meer ab. Trotz umfangreicher Maßnahmen (beispielsweise die Erklärung eines Großteils der Hoheitsgewässer zum Marineschutzgebiet 2015) stellen der steigende Meeresspiegel, illegale Dynamitfischerei, mangelnde Abfallentsorgung, Sandabbau und Tourismus eine fortwährende Bedrohung dar. Mit dem bevorstehenden Ausbau des Flughafens zur Erschließung der Tauch- und Schnorchelgründe Palaus ist es wichtiger denn je, sich an die Zusagen zum Umweltschutz zu halten.

So erkundet man Palau nachhaltig

★ Machen Sie sich mit dem Palau Pledge vertraut, ein Appell an die Besucher, heimische Unternehmen zu unterstützen, sich über die Inselkultur zu informieren, lokale Gebräuche zu respektieren, nichts aus dem Meer mitzunehmen, keine Fische oder Haie zu füttern, nicht mit den Flossen die Korallen zu streifen usw.

★ Packen Sie biologisch abbaubare Sonnenmilch ein – Cremes, die dem Riff schaden, wurden im Januar 2020 in Palau verboten.

★ Wählen Sie einen zertifizierten Tauchanbieter aus (www.greenfins.net). Wenn Sie an Orten tauchen möchten, wo ein Riffhaken benötigt wird, gehen Sie dabei extrem vorsichtig vor.

© PUBLIC_P / SHUTTERSTOCK

★ Mindern Sie die Belastung des Recyclingsystems, sagen Sie Nein zu Getränkeverpackungen – über 11 Millionen davon werden jedes Jahr importiert. Das Leitungswasser in Koror ist genießbar.

GRÜNE UNTERKÜNFTE

★ Das Palau Pacific Resort in Koror ist zwar in ausländischer Hand, doch mit seinen 2019 eröffneten Wasservillen zeichnet es sich durch große Umweltverträglichkeit aus. Es verfügt über eine eigene Wasserquelle, generiert einen Teil des Stroms aus Solarenergie, wandelt Plastikmüll zu Öl für Tiki-Fackeln um, ermuntert die Gäste dabei mitzumachen, Muscheln zu reproduzieren, und vieles mehr. www.palauppr.com

★ Das familiengeführte Dolphin Bay Resort auf Peleliu verfügt über sieben Strandbungalows, die aus möglichst vielen natürlichen und lokalen Materialien erbaut wurden. Dazu gehört auch das erste Tauchzentrum der Insel, Peleliu Divers. www.dolphinbay-resort-peleliu.com

GEBEN SIE ETWAS ZURÜCK

★ Spenden Sie an den Verein Palau Conservation Trust, der die Regierung und die Inselgemeinden dabei unterstützt, das natürliche Erbe Palaus zu bewahren. www.palauconservation.org

★ Australian Volunteers for International Development betreibt in Palau ein Freiwilligenprogramm, das sich auf verschiedene Entwicklungsbereiche fokussiert, darunter Gesundheit, Gemeinschaft und die Umwelt. www.australianvolunteers.com

★ Der Micronesia Challenge des Micronesian Conservation Trust, eine Initiative, die Bewerber für Führungsrollen im Bereich Umweltschutz und Ressourcenmanagement ausbildet, nimmt gern Spenden entgegen. www.ourmicronesia.org

Vorherige Seite, von links: Palaus Chelbacheb-Inseln; viele Tauchgebiete von Weltrang. **Von ganz links:** Sonnenaufgang in Palau; Schnorcheln mit stachellosen Quallen im Salzwassersee von Rock Island. **Gegenüber:** Paddeln auf den Inseln von Palau.

INSPIRATION UND INFORMATION

Diving and Snorkeling Guide to Palau and Yap von Tim Rock (2018)

Coral Compass: Fighting Climate Change in Palau (2018) von Jeremy Bailenson, Tobin Asher, Elise Ogle

South Pacific – BBC (2009)

PRAKTISCHE APP

Micronesia Tour, die offizielle Tourismus-App der Region, bietet viele wichtige Infos zu Palau sowie eine Auflistung nachhaltiger Reisetipps. www.micronesiatour.com

Ultimative nachhaltige Reiseerlebnisse

- ★ **Schwimmen Sie mit stachellosen Quallen in einem Salzsee** auf den Chelbacheb-Inseln.
- ★ **Tauchspots rund um die Chelbacheb-Inseln:** Blue Corner und German Channel.
- ★ **Erkunden Sie die Insel Babeldaob per Mietwagen:** verschlafene Dörfer und hübsch verzierte *bai* (Versammlungshäuser der Männer) zwischen Top-Sehenswürdigkeiten wie dem Steinmonolithen Badrulchau und dem Ngardmau-Wasserfall.
- ★ **Erfahren Sie mehr über Palaus Geschichte und Kultur** in den Museen von Koror, zum Beispiel im Belau-Nationalmuseum und dem Bai and the Etpison Museum.
- ★ **Kaufen Sie ein Bai-Storyboard (geschnitztes Holzbrett) direkt vom Künstler** – schauen Sie beim Meisterschnitzer Ling Inabo vorbei, der den Tebang Woodcarving Shops in Koror betreibt. www.tebangwoodcarving.com
- ★ **Erkunden Sie Relikte aus dem Zweiten Weltkrieg,** nehmen Sie dabei Familienbetriebe auf Peleliu in Anspruch.

TOP-TIPP

Da sich Vancouver, Seattle und Portland entlang des »West Coast Electric Highway« befinden, wo es zahlreiche Schnellladestationen gibt, ist es sinnvoll, die Region mit dem E-Auto zu erkunden.

Praktische Hinweise

Portland; Seattle; Vancouver

Busse und Züge verbinden Vancouver mit Seattle (4 Std.). Von dort sind es weitere drei Stunden mit dem Bus oder Zug zum südlich gelegenen Portland.

Mehrere warme Lagen, eine Regenjacke und robuste Wanderschuhe gehören zur Grundausstattung. Für mehrtägige Touren Hilfsmittel mitnehmen, um Exkremente wieder mitzunehmen oder zu vergraben.

April ist die beste Zeit für Outdoorabenteuer, mit Ausnahme vom Skifahren. In der Zwischensaison, also April, Mai und Oktober, sind die Temperaturen mild, aber es gibt weniger Besucher und niedrigere Preise.

$$

Pazifischer Nordwesten

Dichte Wälder, schneebedeckte Gipfel und eine unberührte Küstenlandschaft – der Pazifische Nordwesten bietet eine endlose Auswahl an Möglichkeiten für Abenteuer unter freiem Himmel wie Wandern, Camping, Radfahren, Skifahren und vieles mehr.

Im Pazifischen Nordwesten dreht sich alles um erneuerbare Energien, umweltfreundliche Transportmittel und Müllreduzierung. Die Einstellung ist sehr grün. 2018 wurde Seattle die erste Stadt der USA, die Plastikstrohhalme und -besteck untersagte; überall entlang der Küste finden sich unzählige regional produzierte Lebensmittel, Weine und Mikrobiere. Hinzu kommen eine pulsierende Kunst- und Musikszene und eine gelebte First-Nations-Kultur. Da ist es kaum verwunderlich, dass die Einheimischen sich nicht an den vielen Niederschlägen stören, die dieser Ecke Nordamerikas einen saftig grünen Anstrich verleihen.

So erkundet man den Pazifischen Nordwesten nachhaltig

★ Halten Sie sich beim Wandern und Campen an die Prinzipien des Leave no Trace.

★ Überprüfen Sie die Herkunft des Lachses, bevor Sie bestellen; Zuchtlachsfarmen haben das Meeresökosystem extrem beeinträchtigt.

★ Befolgen Sie die Sicherheitsregeln bei Begegnungen mit Bären und Elchen, um sich (und die Tiere) zu schützen.

★ Seattle ist die Heimat von Starbucks, doch Ihren Kaffee können Sie in den von Einheimischen geführten Coffee-Shops nachhaltiger trinken.

© DESIGN PICS / DAVID PONTON / GETTY IMAGES

★ Reduzieren Sie den Druck auf die Notfallkräfte, indem Sie die Vorsichtsmaßnahmen bei Wanderungen und Skifahrten im Hinterland beachten.

GRÜNE UNTERKÜNFTE

- ★ Die netzfernen, transportablen Schlafkabinen von Roam Beyond ermöglichen einen exklusiven, umweltschonenden Zugang zur Olympic-Halbinsel. www.roambeyond.travel/kalaloch
- ★ Im ökofreundlichen Ace Hotel Portland ist der Großteil der Möbel wieder aufbereitet, die Matratzen sind aus organischen Materialien, die Putzmittel sind ungiftig, die Minibars enthalten regionales Craftbier. www.acehotel.com/portland
- ★ Das Clayoquot Wilderness Resort, Vancouver Island, bietet das umweltfreundlichste und naturnahste Luxuserlebnis. Die Gäste wohnen im Safari-Zeltcamp und helfen durch Sammeln von Treibgut auf einsamen Inseln bei der Regeneration von Lebensräumen mit. www.wildretreat.com

GEBEN SIE ETWAS ZURÜCK

- ★ Die Obdachlosigkeit in Vancouver hat sich in den letzten zehn Jahren rapide vergrößert. Eine Möglichkeit zu helfen, ist eine Geld- oder Sachspende an das Downtown Women's Eastside Centre – auf der Webseite erfahren Sie, was derzeit am meisten benötigt wird. www.dewc.ca
- ★ Spenden Sie an das The Whale Sanctuary Project, die erste Organisation, die sich ausschließlich für die Errichtung von Meeresschutzzonen in Nordamerika einsetzt. Die Orcas und Belugas suchen nach einem Leben in der Unterhaltungsindustrie oder nach einer Rettungsaktion im Meer ein neues Heim für die Rehabilitation oder sogar eine permanente Unterbringung. www.whalesanctuaryproject.org

Vorherige Seite, von links: Unterwegs mit dem Kajak; Roosevelt-Wapiti. **Von ganz links:** Clayoquot Wilderness Resort; ein Orca im Puget Sound. **Gegenüber:** Panther Creek Falls im Columbia River Gorge.

INSPIRATION UND INFORMATION

- **The Last Wilderness** von Murray Morgan (1955)
- Lonely Planet **Reiseführer Washington, Oregon & the Pacific Northwest**
- **Artifishal** (2019) von Josh Murphy
- **V6A** (2019) von Ruggero Romano

PRAKTISCHE APP

Die App Pacific Northwest Forests des US Forest Service liefert Wanderkarten und Updates zu Waldbränden und Straßenzuständen für alle National Forests des Pazifischen Nordwestens. www.fs.usda.gov/r6

Ultimative nachhaltige Reiseerlebnisse

- ★ **Wandern Sie unter dem Blätterdach des Olympic-Nationalparks und des Hoh-Regenwalds,** durch alpine Wildblumenwiesen im Mount-Rainer-Nationalpark und im atemberaubenden Columbia River Gorge zwischen Washington und Oregon.
- ★ **Erkunden Sie die Kultureinrichtungen und Grünflächen** von Portland, Seattle und Vancouver, dreier überaus umweltfreundlicher Städte.
- ★ **Nehmen Sie an einer Orca-Tour teil,** im Puget Sound in Washington oder ab Telegraph Cove auf Vancouver Island.
- ★ **Probieren Sie sich durch die vielen Craftbiere** der Region.
- ★ **Campen, fahren Sie Ski oder wandern Sie** in den Urwäldern rund um Oregons Crater Lake.
- ★ **Erfahren Sie mehr über die Kultur der First Nations** entlang des mit Totems gesäumten Wanderwegs in der Albert Bay, British Columbia, und im Makah Museum in der Neah Bay auf der Olympic-Halbinsel. Hier sind Artefakte aus einer der bedeutendsten archäologischen Fundstellen Nordamerikas ausgestellt.

TOP-TIPP

Da es in Schweden die weltgrößte Anzahl von Elchen pro Einwohner gibt, ist das aus ihnen gewonnene rote Fleisch eine nachhaltige Option (die Tiere werden in freier Wildbahn gejagt). Tipp: Als Köttbullar probieren.

Praktische Hinweise

Stockholm; Göteborg; Malmö

Fähren verbinden die schwedischen Hafenstädte mit zahlreichen Seehäfen.

Gegen nächtliche Helligkeit sollten Sie im Midsommar eine Schlafmaske dabeihaben. Das Übergangsklima erfordert mehrere Lagen und Regenkleidung. Hochwertiges, wasserfestes Schuhwerk ist unerlässlich.

Die Temperaturen am Tage können in der Zwischensaison im September und Oktober erstaunlich angenehm sein (und die Hotelpreise günstiger). Der Winter ist zwar bitterkalt, doch die Polarlichter und Weihnachtsmärkte machen dies wieder wett.

$ $ $

Busse und Züge verkehren zwischen Malmö und Kopenhagen, Dänemark. Busse und Züge gehen nach Oslo, Norwegen, von Göteborg (3 Std.) und Stockholm (ca. 7 Std.).

Schweden

Kein anderes Land hat sich das Thema Nachhaltigkeit so auf die Fahnen geschrieben wie Schweden. Es ist die Geburtsstätte der flygskam-Bewegung (Flugscham), des Ploggings (beim Joggen Müll aufsammeln) und der Klimaaktivistin Greta Thunberg.

Die Sommer sind hier kurz, doch die unberührten Landschaften verlocken dazu, sich den Einheimischen anzuschließen, die es regelmäßig aus den Großstädten in die Natur zieht. Schweden ist das erste Land auf der Nordhalbkugel mit einer Ökotourismus-Charta, das »Nature's Best«-Label, das die Qualität von Hunderten von Touren garantiert. So können Sie mit ruhigem Gewissen moosbedeckte Wälder, idyllische Inseln, stille Seen und wilde Tundra erkunden – und auch die leckeren Erzeugnisse der Region. Dank der über 250 Hotels mit der Auszeichnung Nordic Swan Ecolabel wird die abendliche Suche nach einer umweltfreundlichen Unterkunft zum Kinderspiel.

So erkundet man Schweden nachhaltig

- ★ Stürzen Sie sich auf den frischen, nachhaltig gefangen Fisch, der die Grundlage vieler einheimischer Gerichte ist – das Land hat den Verzehr von rotem Fleisch in den letzten Jahren radikal zurückgefahren.
- ★ Machen Sie Gebrauch vom schwedischen Jedermannsrecht, das es Ihnen gestattet, praktisch überall zu wandern und zu campen.
- ★ Besuchen Sie die Plogga-Facebookseite, wo es Infos zur

nächsten Plogging-Aktion gibt. www.facebook.com/plogga
- ★ Investieren Sie vor Ort in hochwertige Kleidung; auf der »Good on You«-Webseite finden Sie die Standorte vieler ethischer Modeboutiquen.
- ★ Besuchen Sie das Land als Teil einer längeren Skandinavien-Rundreise statt einer kurzen Stippvisite per Flugzeug.

GRÜNE UNTERKÜNFTE

- ★ Nachdem ein Experiment bewiesen hatte, dass der Stresslevel nach 72 Stunden in einer verglasten Hütte in schwedischer Natur signifikant sinkt, wurden mehrere 72-Stunden-Hütten aufgestellt. www.72hcabin.com
- ★ Finden Sie Ihr wildes Selbst in der Kolarbyn Ecolodge, dem »primitivsten Hotel Schwedens«. Hier kochen Sie überm Feuer und übernachten in einer Waldhütte. Die schwimmende Sauna ist die perfekte Belohnung für all diese Mühen. www.wildsweden.com/kolarbyn-ecolodge
- ★ Das Jumbostay nutzt einen ausgedienten Jumbo-Jet als Unterkunft. Eine umweltbewusste, günstige Übernachtungsmöglichkeit für einen Stopover in Stockholm. www.jumbostay.com

GEBEN SIE ETWAS ZURÜCK

- ★ Früher war es schwierig für Nicht-Schwedischsprecher, Freiwilligendienst vor Ort zu leisten, doch die Zeiten ändern sich. Die nationale Organisation Volontärbyrån vermittelt Freiwillige an Projekte im ganzen Land, neuerdings auch für Englischsprecher. www.volontarbyran.org
- ★ Spenden Sie an die European Wilderness Society, deren Wissenschaftler an nachhaltigen Lösungen arbeiten, die die Interaktion zwischen Mensch und Wolf minimieren sollen. Nachdem der Wolf in den Sechzigerjahren durch die Jagd in Schweden komplett ausgerottet wurde, kehrte er in den frühen Achtzigern wieder zurück. Derzeit leben hier um die 300 Tiere. www.wilderness-society.org

Vorherige Seite, von links: eingeschneites Sámi-Zelt; mit Huskys durch Jukkasjärvi fahren. **Von ganz links:** Polarlichter über dem schwedischen Lappland; Rentierherde. **Gegenüber:** traditionelle Lagerhäuser der Sámi.

INSPIRATION UND INFORMATION

- **Lagom: Das Geheimnis des schwedischen Lebensglücks** von Anna Brones (2017)
- Lonely Planet **Reiseführer Schweden**
- **Greta Thunbergs TED Talk** (2019)
- **Vom Leben überholt** (2019) von Kristine Samuelson, John Haptas

PRAKTISCHE APP

Dank der Karma-App kann man nicht nur günstig schlemmen, Sie helfen dabei auch dem Planeten. Die App führt Kunden zu schwedischen Restaurants, die überschüssiges Essen zu reduzierten Preisen verkaufen. www.karma.life

© JUSTIN FOULKES / LONELY PLANET

Ultimative nachhaltige Reiseerlebnisse

- **Nehmen Sie an einer Safari des Naturtourismusvorreiters Wild Sweden teil,** um in Zentralschweden Biber, Elche, Wölfe und andere Tierarten in ihrem Lebensraum zu beobachten. www.wildsweden.com
- **Sammeln Sie in den Wäldern Beeren** – nur geschätzte 4 % der Wildbeeren werden jeden Sommer geerntet, daher ist genug für alle da, beispielsweise Preiselbeeren, Heidelbeeren und Schwarze Johannisbeeren.
- **Erleben Sie die traditionelle Kultur der Sámi im schwedischen Lappland,** zum Beispiel mit Björk Experience. Und wo man schon mal da ist, kann man gleich nach Polarlichtern Ausschau halten. www.bjorkexperience.com
- **Erwandern Sie im Norden den 440 km langen Kungsleden (Königspfad),** den besten Fernwanderweg Schwedens.
- **Erkunden Sie die atemberaubende Küste und die typischen Inseldörfer rund um Göteborg;** die Stadt führt nach und nach elektrische Fähren im Rahmen des ElectriCity-Projekts ein.

Praktische Hinweise

Taipeh

Es bestehen keine Land- oder Bootsverbindungen. Abenteuerhungrige können per Fähre aus den chinesischen Städten Xiamen und Fuzhou einreisen. Für Informationen auf Englisch besuchen Sie www.seat61.com.

Die Bekleidungsregeln in Taipeh sind entspannt; ungezwungene, Kleidung, die nicht zu viel preisgibt, ist ideal. Nehmen Sie konservativere Kleidungsstücke mit, wenn Sie die großen Städte verlassen möchten.

Vermeiden Sie den Besucherandrang im Juli und August und wählen Sie die etwas ruhigeren Monate von April bis Juni und von September bis Oktober. Die kühleren Monate von November bis März sind angenehmer für Städtereisen.

$$

Taiwan

Taiwan hat sich in den letzten Jahren zu einem weltweiten Pionier für Recyclingtechnik entwickelt. Der Kampf gegen Müll hat die Insel zu einem attraktiven Reiseziel gewandelt; Grund zur Hoffnung für Regionen, die ebenfalls im Abfall zu ersticken drohen.

Im seit Jahrhunderten als Ilha Formosa (Schöne Insel) bekannten Taiwan gibt es auf nur 35 qkm viele atemberaubende Landschaften zu entdecken, von Marmorschluchten zu tropischen Regenwäldern, von bergigen Wanderrouten zu Küstenradwegen. Die Hauptstadt mit ihren Tempeln, Nachtmärkten und der dynamischen Café-Szene, allesamt bequem zu erreichen dank des ausgezeichneten MRT (Metro-)Netzes, ist sehr sauber. Taiwan zeichnet das Ziel einer plastikfreien Zukunft aus. 2020 wurden kostenlose Plastiktüten, Tassen, Strohhalme, Essbesteck und Wegwerfbehälter für Essen verboten.

So erkundet man Taiwan nachhaltig

★ Respektieren Sie das allumfassende Plastikverbot in Taiwan und lehnen Sie, sollte es Ihnen dennoch angeboten werden, Einwegplastik ab.

★ Wenn Sie einen Strandtag einlegen möchten, sammeln Sie ein wenig von dem angespülten Abfall ein.

★ Vergessen Sie nicht, sich Erlaubnis einzuholen, wenn Sie in den taiwanesischen Nationalparks wandern möchten (np.cpami.gov.tw), und wandern Sie wegen Erdrutschgefahr nicht gleich nach einem Taifun.

★ Befolgen Sie die MRT-Etikette im öffentlichen Nahverkehr: Nutzen Sie nicht die blauen Prioritätssitze, stellen Sie sich an und sprechen Sie nur leise miteinander.

★ Duschen Sie nur kurz. Es regnet zwar viel, doch die begrenzten Speicherkapazitäten sorgen für eine ständige Wasserknappheit.

GRÜNE UNTERKÜNFTE

★ Das Star Hostel Taipei Main Station liegt zentral. Was dieses schicke Hostel jedoch noch attraktiver macht, ist der Verzicht auf Einwegplastik und die Zusammenarbeit mit den umliegenden Geschäften, vom Eaves-Kaffee am Morgen zum Alchemist Craftbier, das man hier erwerben kann. Ein gesundes, abfallarmes Frühstück ist im Preis inbegriffen, und der Aufenthaltsraum ist hübsch begrünt. www.starhostel.com.tw

★ Ferien auf dem Bauernhof werden in Taiwan immer beliebter. Auf dem Bio-Hof Dakeng Leisure Farm im Süden des Xinhua-Distrikts steht das Vieh ganzjährig auf der Weide. Im Restaurant kommen Feldfrüchte frisch auf den Tisch. www.idakeng.com.tw

GEBEN SIE ETWAS ZURÜCK

★ Tierschützer waren 2017 völlig aus dem Häuschen, als Taiwan das Einschläfern von streunenden Haustieren einstellte. Allerdings hat dies das Problem nun auf die Tierheime verlagert. Mit einer Spende an die britische Tierschutzorganisation Animal Care Trust (ACT) können Sie drei Tierheime unterstützen, die vom Gründer des ACT ins Leben gerufen wurden. www.actforanimals.org

★ Die Sozialunternehmung Impct Cafe investiert 25 % aller Einnahmen in armutsbekämpfende Unternehmen von Frauen. Holen Sie sich Ihr morgendliches Koffein im Café im Da'an-Distrikt ab – jede Packung Kaffeepulver kommt mit einem »Backsteincode«, den Sie digital bei einem Impct-Schulprojekt »verbauen« können. www.impct.co

© STAR HOSTEL TAIPEI

© IMPCT CAFE

Vorherige Seite, von links: Skyline von Taipeh; Wandern in den Wäldern im Zentrum der Insel. **Von ganz links:** Aufenthaltsraum des Star Hostel Taipei; Barista im Impct Cafe. **Gegenüber:** Taroko-Schlucht im Taroko-Nationalpark.

INSPIRATION UND INFORMATION

- **The Stolen Bicycle** von Wu Ming-yi (2015)
- Lonely Planet **Reiseführer Taiwan**
- **Beyond Beauty: Taiwan from Above** (2013) von Chi Po-lin
- **Eine Stadt der Traurigkeit** (1989)

PRAKTISCHE APP

Pleco ist ein cleveres App-Wörterbuch für Englisch-Chinesisch (simplifiziert und traditionell). Geben Sie einfach das Wort auf Englisch ein für die geschriebene Übersetzung im taiwanesischen Mandarin (Pinyin) und die Aussprache. www.pleco.com

© PS15 / SHUTTERSTOCK

Ultimative nachhaltige Reiseerlebnisse

- **Wandern oder fahren Sie Fahrrad in der 18 km langen Marmorschlucht des Taroko,** dem geologischen Highlight des Taroko-Nationalparks.
- **Erfahren Sie mehr über die indigenen Kulturen Taiwans,** und besuchen Sie das Shung Ye Museum of Formosan Aborigines in Taipeh. Während der Saison der Fliegenden Fische können Sie bei einer Yami-Gastfamilie auf Lanyu unterkommen (März bis Juni).
- **Wagen Sie sich auf eine Mazu-Pilgerreise.** Der 350 km lange Wanderweg zu Ehren von Mazu, der mütterlichen Schutzpatronin der Insel, führt kreuz und quer durch Taiwan; der Start ist in Dajia.
- **Lassen Sie sich vom Fahrradfieber der Einheimischen anstecken** und erkunden Sie die unberührte Ostküste. Probieren Sie die Küstenstraße zwischen Hualien und Taitung oder erobern Sie die tiefgrünen Gebirgskämme des Rift Valley.
- **Beobachten Sie, wie in Taipeh am Abend die Lichter angehen,** und zwar vom Gipfel des Xiangshan aus, einem beliebten Wanderziel.

TOP-TIPP

Bringen Sie jede Menge Bargeld mit: An den meisten Orten werden keine Karten akzeptiert, und es gibt nur wenige Bankautomaten, denen zudem häufig das Geld ausgeht.

Praktische Hinweise

Sayak

Tropisches Klima, entspannte Kleidungsvorschriften, Sie können luftig packen. Surfausrüstung kann gemietet werden, doch denken Sie an Gartenhandschuhe, um bei einer Strandsäuberung mithelfen zu können.

Die Trockenzeit auf Siargao (März bis Oktober) hat üblicherweise das beste Wetter, doch Surfer sollten eher die Zeit von August bis November ins Auge fassen, wenn die Wellen höher sind.

$

Zwischen der inseleigenen Hafenstadt Dapa und Surigao City, der Provinzhauptstadt (2 Std.), verkehren mehrere Fähren.

Siargao

Eine tosende Brandung, versteckte türkisblaue Lagunen und leuchtend grüne Kokospalmen und Reisplantagen im Innern – es grenzt an ein Wunder, dass die philippinische Insel Siargao so lange ein Geheimnis bleiben konnte.

Die Hauptattraktion der in der Provinz Surigao del Norte gelegenen Insel ist das entspannte, umweltbewusste Ambiente. Viele Unternehmen gehören der Bewegung Siargao Environmental Awareness (SEA) an, so will man dem Einwegplastik den Kampf ansagen und die Umwelt mit weiteren Ansätzen schützen. Herrlich unbeachtet von Hotelketten und Bettenburgen (zumindest vorerst) findet man ein relaxtes Inselfeeling. Leere Strände, geheime Surfstellen und jede Menge Restaurants mit überwiegend gesunden vegetarischen Optionen warten noch auf ihre Entdeckung.

So erkundet man Siargao nachhaltig

- ★ Halten Sie sich an die Surf-Etikette: Respektieren Sie die Einheimischen, nehmen Sie niemandem die Vorfahrt und teilen Sie bisher wenig besuchte Surfstellen nicht in den sozialen Medien.
- ★ Vermindern Sie den Druck auf Siargaos problembehaftetes Müllverwertungssystem, indem Sie für den Müll, den Sie mit nach Hause nehmen können, etwas Platz im Gepäck lassen.
- ★ Wenn Sie Siargao mit einem motorisierten Roller erkunden möchten, klären Sie, ob die Versicherung das abdeckt, und tragen Sie einen Helm.

© LEISA TYLER / GETTY IMAGES

- ★ Übernachten Sie nicht in General Luna, sondern bringen Sie das Geld in andere Gemeinschaften, zum Beispiel nach Pacifico im verschlafenen Nordosten.

© JOHN SEATON CALLAHAN / GETTY IMAGES

GRÜNE UNTERKÜNFTE

- ★ Das stilvolle Bravo Resort, im Herzen von General Luna gelegen, verwandelt Glasflaschen zu Sand, widmet sich dem Recycling und kompostiert Essensreste. Die Gäste erhalten bei Ankunft als Geschenk eine wiederverwertbare Wasserflasche und bei Abreise eine Rückzahlung von 400 Peso für jede Nacht, in der sie auf die Klimaanlage verzichtet haben. www.bravosiargao.com
- ★ Die deutsche Unternehmerin Carolin Dekeyser hatte die Idee zum Luxusresort Nay Palad. Dabei hilft sie den Frauen von Compostella, einem nachhaltigen Regenwalddorf auf Cebu, uralte Techniken für Produkte einzusetzen. Der Fokus von Nay Palad ist ebenfalls nachhaltig. www.naypalad.com

GEBEN SIE ETWAS ZURÜCK

- ★ Das SEA Movement veranstaltet samstags ab 16 Uhr Strandsäuberungen (Treffpunkt ist die Catangnan-Tanzhalle am Jacking Horse Beach) und sucht Freiwillige, die über längere Zeit mithelfen können. www.seamovement.ph
- ★ Sun Crew organisiert samstags in Pacifico und sonntags in Pilar Strandsäuberungen. 100 % der Einkünfte aus privaten Inselführungen, Surfstunden und Vermietungen fließen in Projekte gegen Kinderarmut und Plastikverschmutzung. www.thesuncrew.org
- ★ Grom Nation kümmert sich mit Surfen, Sport und anderen Aktivitäten um soziale Probleme. Ihre Surfschule freut sich immer über Ausrüstungsspenden. www.gromnationsiargao.com

© BRAVO

© BRAVO

Vorherige Seite, von links: Zeit zum Surfen in Siargao; »Kuschelnest« aus recyceltem Plastik im Nay Palad Resort.
Links: Das luxuriöse Bravo Resort hat einen fantastischen Öko-Ruf.
Gegenüber: die berühmte Surfstelle Cloud 9.

INSPIRATION UND INFORMATION

- **Barefoot in Siargao** von Christina Camingue Buo (2018)
- Zeitschrift **Be Siargao**
- Lonely Planet **Reiseführer Philippinen**
- **Siargao** (2017) von Paul Soriano

PRAKTISCHE APP

Informieren Sie sich über Siargaos Surfstellen und checken Sie mit der Magic Seaweed App die aktuellen Bedingungen an den 11 Surfbreaks rund um die Insel. www.magicseaweed.com/app

Ultimative nachhaltige Reiseerlebnisse

★ **Surfen Sie an den vielen Breaks von Siargao** oder lernen Sie die Technik bei einem qualifizierten Lehrer in einer Surfschule, zum Beispiel bei Kermit. www.kermitsiargao.com

★ **Verbringen Sie einen faulen Tag im glasklaren Wasser der Sugba Lagoon** vor der Nordwestküste der Insel. Hierher kommen weniger Besucher als zu den wunderschönen, aber leider immer beliebteren Magpupungko-Gezeitenbecken vor der Ostküste.

★ **Besuchen Sie die anderen Inseln für einen Tag** mit dem umweltbewussten Anbieter My Siargao Guide; ein gesundes und abfallfreies Mittagessen inbegriffen. www.facebook.com/mysiargaoguide

★ **Beginnen Sie den Tag mit einem nahrhaften Smoothie-Bowl** im Strandcafé Shaka Café. www.shakacafes.com

★ **Tauchen Sie ein ins beschauliche Inselleben fern der Touristengebiete,** zum Beispiel bei einem Spaziergang durch die Hafenstadt Dapa oder bei einem Motorradausflug.

TOP-TIPP

Die besten Attraktionen in Montevideo sind kostenlos, auch die Museen: Verpassen Sie nicht das Museo del Gaucho und das Museo Nacional de Artes Visuales.

Praktische Hinweise

Montevideo

Fähren pendeln zwischen Buenos Aires, Argentinien, und Colonia del Sacramento (1 Std.) und Montevideo (2 1/4 Std).

Busse verkehren von Punta del Diabolo zur brasilianischen Grenze (1 Std.). Übernachtbusse fahren von Porto Alegre nach Montevideo (12 Std.).

Da selbst die Sommerabende frisch sein können, ist es sinnvoll, einige Lagen an Kleidung im Gepäck zu haben. Lassen Sie den Wasserfilter ruhig zu Hause, denn das Leitungswasser ist trinkbar.

Am besten besucht man Uruguay in den Sommermonaten von Oktober bis März. Punta del Este quillt zwar vor argentinischen Besuchern geradezu über, doch andere Küstenorte sind entspannter, insbesondere von Oktober bis Dezember.

$ $

Uruguay

Nach zwei Jahrhunderten im Schatten seiner Nachbarn wird das Tourismuspotenzial des kleinsten Lands Südamerikas endlich erkannt. Bei viermal mehr Kühen als Einwohnern beweist Uruguay, dass Nachhaltigkeit nicht gleich Verzicht bedeutet.

Fortschrittlich, sicher und vollgepackt mit Kultur – Uruguay ist etwas ganz Besonderes, auch ganz ohne weltberühmte Sehenswürdigkeiten. Vielmehr findet sich die Faszination in alltäglichen Begegnungen, von einem Rindvieh-und-Guacho-Stau auf der Landstraße zu einem Becher Matetee unter Einheimischen in den Cafés von Montevideo. Obwohl sich die Wirtschaft vor allem auf die Rinderhaltung stützt, hat Uruguay seine CO_2-Emissionen radikal reduziert. Über 95 % des Stroms werden aus erneuerbaren Energien gewonnen, und man ist auf dem besten Weg, bis 2030 klimaneutral zu werden.

So erkundet man Uruguay nachhaltig

★ Verzichten Sie auf emissionsreiches Rindfleisch und besuchen Sie eines der neuen vegetarischen Restaurants.

★ Trinken Sie lokalen Wein. Die Weinindustrie konzentriert sich auf einen nachhaltigen Anbau und Rückverfolgbarkeit.

★ Machen Sie ausgiebig vom umfangreichen und preiswerten Bussystem Gebrauch. Das größte Unternehmen Copsa hat 2019 damit begonnen, die Flotte mit E-Bussen aufzustocken.

★ Lassen Sie die Zigaretten zuhause: Strenges Rauchverbot, eingeführt von Präsident Tabaré Vázquez, einem praktizierenden Onkologen.

★ Tragen Sie durch eine kleine Säuberungsaktion zur Schönheit der Küsten bei.

GRÜNE UNTERKÜNFTE

★ Das luxuriöse Sacromonte liegt in einem Weingut in den sanften Hügeln der Region Maldonado. Die Bergunterkunft mit ihren begrünten Dächern wurde so erbaut, dass sie möglichst geringe Auswirkungen auf die Umwelt hat. www.sacromonte.com

★ Die Gästezimmer der Laguna Garzón Lodge sind eigentlich Mini-Hausboote, die in einer beschaulichen Lagune nördlich von José Ignacio dümpeln – ein perfekter Ausgangspunkt für naturnahe Abenteuer, von Wassersport bis zur Vogelbeobachtung. Der Schwerpunkt der Lodge liegt auf natürlichen, lokalen Produkten, wobei köstliche Gerichte einen tollen Einblick in die regionale Küche vermitteln.

GEBEN SIE ETWAS ZURÜCK

★ Helfen Sie mit bei der Beobachtung und dem Schutz von noch nicht ausgewachsenen Suppenschildkröten. Der achttägige ehrenamtliche Einsatz wird von der Organisation Karumbé geleitet, die in Uruguay seit über 20 Jahren mit Schildkröten arbeitet. www.karumbe.org

★ Manos del Uruguay ist eine Kooperative aus unabhängigen Kunstgewerblerinnen aus der Provinz, die hochwertige ethische und nachhaltige Produkte erschaffen. Zeigen Sie Ihre Unterstützung und erstehen Sie einen luxuriösen Schal, einen Überwurf oder vielleicht einen Matebecher mit Kuhfellbezug. Gekauft wird über die Webseite. www.manos.uy/shop

Vorherige Seite, von links: Colonia del Sacramento; Promenade am Strand von Punta del Diablo. **Von ganz links:** Leuchtturm von Cabo Polonio; Karneval in Montevideo. **Gegenüber:** Der Strand von Punta del Este.

INSPIRATION UND INFORMATION

📖 **Die offenen Adern Lateinamerikas: Die Geschichte eines Kontinents** von Eduardo Galeano (1971)

📖 **Tabaré** von Juan Zorrilla de San Martín (1886)

📖 Lonely Planet **Reiseführer Südamerika**

🎞 **25 Watts** (2001) von Juan Pablo Rebella, Pablo Stoll

PRAKTISCHE APP

Entdecken Sie leckere einheimische Snacks mit Hilfe von Food Trucks UY. Die App verzeichnet die Standorte der besten Imbisstrucks des Landes auf Google Maps und listet alle angesagten Food-Festivals auf. www.foodtruckuruguay.com

© BRUNO PEREIRA DA SILVA / SHUTTERSTOCK

Ultimative nachhaltige Reiseerlebnisse

- **Buchen Sie sich in eines der vielen umweltbewussten Gästehäuser** im Badeort Punta del Diablo an der ungezähmten Nordküste Uruguays ein.
- **Massieren Sie sich die müden Reisemuskeln** in den heißen Quellen bei Salto.
- **Verlieren Sie sich im Zauber der Landschaft** im geschützten und abgeschiedenen Tal Valle de Lunarejo.
- **Erkunden Sie schattige Plätze und hübsche Gassen mit Kopfsteinpflaster** in der malerischen Colonia del Sacramento am Río de la Plata.
- **Verirren Sie sich in den Sanddünen** und erspähen Sie die Seelöwen vom Leuchtturm am Cabo Polonio aus.
- **Besuchen Sie Uruguays neueste UNESCO-Weltkulturerbestätte,** die historische Fleischfabrik El Anglo in Fray Bentos am Río Uruguay.
- **Halten Sie entlang der Atlantikküste nach wilden Tieren Ausschau,** zum Beispiel nach Pinguinen, Seebären und vielem mehr.

TOP-TIPP

Die Schnorrer in den Touristengebieten Gambias, »Bumsters« genannt, können eine wahre Plage sein. Wenn Sie an den Angeboten nicht interessiert sind, machen Sie dies deutlich. Sollte der Bumster Sie dennoch nicht in Frieden lassen, drohen Sie mit der Touristenpolizei, die die Autorität hat, Bumsters festzunehmen.

Praktische Hinweise

Banjul

Leichte Kleidung ist praktisch (kein Blau und Schwarz, das lockt die Tsetsefliege an), die Herren sollten für Restaurantbesuche Hemd und lange Hose im Gepäck haben. Ein Wasserfilter ist notwendig, auch zum Zähneputzen.

Die Trockenzeit von November bis Februar eignet sich am besten zum Beobachten von Wildtieren und Vögeln. Von März bis Mai und im Oktober ist das Wetter ebenfalls angenehm und eine gute Wahl, um die Ermäßigungen der Zwischensaison zu nutzen.

$$

Die meisten Reisenden über Land kommen aus dem Süden aus Dakar, Senegal, überqueren bei Karang–Amdallai die Grenze und nehmen dann die Fähre von Barra nach Banjul. Von Banjul aus geht es weiter nach Süden, 50 km bis zur Grenze bei Jiboro–Seleti.

Gambia

Das kleinste Land Afrikas hat einige Naturwunder zu bieten. Da der Tourismus 20 % des Bruttoinlandsproduktes ausmacht und immer mehr Arbeitsplätze schafft, hat wohlüberlegt ausgegebenes Geld hier eine große Wirkung.

Das von Senegal eingerahmte Gambia ist mit einer kurzen, aber traumhaft schönen Küste gesegnet. Der Fluss gleichen Namens zieht viele exotische Tiere an. Bootsausflüge und Übernachtungen in Ökolodges erschließen eine traumhafte Natur, zum Beispiel ein Schimpansenreservat auf einer Flussinsel. Während man weiter auf den Fortschritt wartet, den Adama Barrow nach der 22-jährigen Terrorherrschaft des Präsidenten Yahya Jammeh versprach, machen die warmherzigen Einheimischen dem sentimentalen Spitznamen des Landes, »die lächelnde Küste Afrikas«, alle Ehre.

So erkundet man Gambia nachhaltig

- ★ Gambia wurde 2015 islamisch. Die Kleidungsvorschriften sind zwar entspannt, doch es ist ein Zeichen von Respekt, sich unauffällig zu kleiden.
- ★ Erwägen Sie nicht mal, nach einer Plastiktüte zu fragen, diese sind jetzt verboten.
- ★ Seien Sie besonders aufmerksam, was Ihren Strom- und Wasserverbrauch angeht, da in Gambia beides knapp ist.
- ★ Bemühen Sie sich, das Land auch außerhalb der Strandbadeorte zu erkunden.
- ★ Probieren Sie die köstliche einheimische Küche und unterstützen Sie damit die hiesigen Landwirte, die sehr unter kargen Böden, langen und harten Dürren und dem steigenden Meeresspiegel zu leiden haben.
- ★ Wenn Sie einen Ausflug in ein Dorf unternehmen, verzichten Sie auf den Besuch der Schule.

GRÜNE AUFENTHALTE

- Die Footsteps Eco-Lodge wurde von einem Expat gegründet, der erkannt hatte, dass die Tourismuseinnahmen nicht bis zu den Arbeitern durchsickern. Hier erhalten sie Fortbildungen, bezahlte Urlaubstage, Krankentage und ein faires Einkommen. www.footstepsinthegambia.com
- Von den Safarizelten des Chimpanzee Rehabilitation Project Camps aus kann man den Rufen der Schimpansen lauschen. Die Raten beinhalten Verpflegung und einen Bootsausflug rund um die Inseln. www.crpthegambia.org
- Das Luxusresort Mandina River Lodges verfügt über drei Lodge-Typen, darunter eine schwimmende mit Solaranlage. www.mandinalodges.com

GEBEN SIE ETWAS ZURÜCK

- Spenden Sie Geld an PING (People In Need Gambia), eine pragmatische Hilfsorganisation, die je nach Bedarf zusammen mit den Einheimischen Bauprojekte verwirklicht (von Schulen bis zu Frischwasseranlagen). www.pingcharity.co.uk
- Jeder Cent Ihrer Spende an den Gambian Schools Trust fließt in die Schulausstattung, bezahlt Lehrerkräfte und deren Ausbildung, unterhält Kindergartengebäude und zahlt für einen jährlichen Schiffscontainer voller Schulmaterialien. www.gambianschools.org

© TREVORPLATT / GETTY IMAGES

© DANNY159 / GETTY IMAGES

Vorherige Seite, von links: Sonnenuntergang in Gambia; Senegalracke. **Von ganz links:** Schillerndes Grün entlang des Gambia; unterstützen Sie die Primaten Gambias mit einem Besuch des Chimpanzee Rehabilitation Projects. **Gegenüber:** Stadtansicht von Banjul.

INSPIRATION UND INFORMATION

- **One Plastic Bag** von Miranda Paul (2015)
- **The Sun Will Soon Shine** von Sally Singhateh (2004)
- **Lonely Planet Reiseführer West Africa**
- **Welcome to the Smiling Coast** (2016) von Bas Ackermann

PRAKTISCHE APP

Bleiben Sie immer auf dem Laufenden mit der App von Gambia News. Eine Sparte widmet sich speziell der Hauptstadt Banjul.

© MTCURADO / GETTY IMAGES

Ultimative nachhaltige Reiseerlebnisse

- ★ **Besuchen Sie das Chimpanzee Rehabilitation Project** mit über 100 Schimpansen.
- ★ **Genießen Sie einen umweltbewussten Aufenthalt** in einem der ökofreundlichen Resorts an der Atlantikküste.
- ★ **Halten Sie nach Affen Ausschau,** während Sie die Naturpfade des kleinen Bijilo Forest Parks erwandern. Die 50 Dalasi in einen lokalen Reiseführer sind gut investiertes Geld, da dieser Ihnen mehr Hintergrundinfos zu den Pflanzen und Tieren im Küstenpark geben kann.
- ★ **Entdecken Sie seltene Vögel und riesige Krokodile** im winzigen Abuko-Naturreservat.
- ★ **Segeln Sie vorbei an mangrovengesäumten Ufern** und machen Sie einen Spaziergang durch die Feuchtgebiete des Makasutu Culture Forest.
- ★ **Werben Sie einen Führer an,** der Ihnen die bemerkenswerten Wandbilder auf den Häusern in Kubuneh zeigt.
- ★ **Erfahren Sie mehr über die Geschichte der Sklaverei** im Nationalmuseum von Albreda in der Stadt Juffureh.

TOP-TIPP

Genießen Sie sauberes Trinkwasser, für Zentralamerika eine Seltenheit. Direkt aus dem Hahn zu zechen ist fast überall problemlos möglich, doch am besten fragt man vorher einmal beim Gastgeber nach, sicher ist sicher.

Praktische Hinweise

San José; Liberia

Es ist möglich, mit dem Bus über Land nach Panama im Südosten (bei Sixaola und Paso Canoas) und nach Nicaragua im Nordwesten (bei Peñas Blancas und Las Tablillas) zu reisen. Normalerweise kann man zu Fuß die Grenze überqueren und dann auf der anderen Seite den Bus für die Weiterfahrt besteigen.

Wärmere Kleidung für das Monteverde Cloud Forest Reserve oder San Gerardo de Dota, ein natürliches Insektenschutzmittel. Sonnenmilch kann teuer sein – bringen Sie daher eine ungiftige Option mit.

Die regenreiche Nebensaison von August bis Oktober bringt die höchsten Wellen, doch wenn Sie darauf verzichten können, buchen Sie für die ruhigere (und etwas trockenere) Zwischensaison von Mai bis Juni und im November.

$$

Costa Rica

Costa Rica ist wie ein überdimensionierter Abenteuerspielplatz – von seltenen wilden Tieren bis zu den surferfreundlichen Wellen entlang menschenleerer Küsten. Doch das größte Verkaufsargument ist, dass der Tourismus hier größtenteils richtig gemacht wird.

Costa Rica steht für nachhaltige Initiativen. 2019 erhielt das Land für seinen Natur-schutz (fast ein Drittel besteht aus Schutzreservaten) und seine Bemühungen gegen den Klimawandel die UN-Auszeichnung Champions of the Earth. Dank einer ökobewussten Tourismusinfrastruktur (einige der besten Ökolodges der Welt) ist es in Costa Rica möglich, Zentralamerika ohne große Anstrengungen auf umweltbewusste Art zu erleben.

So erkundet man Costa Rica nachhaltig

★ Auch wenn Englisch vielerorts verstanden wird, kann man sich mit ein paar Brocken Spanisch dennoch den Respekt der Einheimischen verdienen.

★ Übernachten Sie in einer echten Ökolodge. In Costa Rica gibt es eine große Auswahl in verschiedenen Preisklassen.

★ Unterstützen Sie mit Ihrem Besuch eines *Sodas* kleinste lokale Unternehmen. Diese traditionellen Restaurants servieren unter freiem Himmel preiswerte *casados* (ein typisches Gericht aus Bohnen, Reis, einem kleinen Salat und einer Auswahl von Fleisch).

★ Lassen Sie überfüllte Badeorte wie Tamarindo links liegen und entscheiden Sie sich stattdessen für die eher

ruhigeren Surferorte entlang der südlichen Karibikküste.

★ Gehen Sie umsichtig mit Ihrem Wasserverbrauch um, denn in Costa Rica herrscht oft Wasserknappheit.

GRÜNE AUFENTHALTE

- ★ Problemlos können Sie den ganzen Tag in der Hängematte Ihres luxuriösen Strohdachbungalows verbringen. Das Team der Lapa Rios Lodge will die Gäste dennoch dazu animieren, an Wanderungen und Bootstouren teilzunehmen, um die Tierwelt kennenzulernen. www.laparios.com
- ★ Die versteckt in den Bergen liegende Rancho Mastatal ist eine preiswerte Ökolodge und zugleich Lehrzentrum für Nachhaltigkeit. Hier werden viele Kurse angeboten, von Permakultur bis naturbasiertes Bauen. www.ranchomastatal.com
- ★ Die Kaffeeplantage Finca Rosa Blanca befindet sich in Familienhand und verfügt über ein Biorestaurant. www.fincarosablanca.com

GEBEN SIE ETWAS ZURÜCK

- ★ Entlang der Küsten Costa Ricas nisten gefährdete Meeresschildkröten. Helfen Sie mit, sie vor Wilderern zu schützen, indem Sie an einem Freiwilligenprogramm wie Osa Conservation (osaconservation.org) teilnehmen. Alternativ können Sie ein Tier »adoptieren«. www.conserveturtles.org
- ★ Die gemeinnützige Toucan Rescue Ranch in den Hügeln nördlich von San Jose hat sich der Rettung, Rehabilitation und Wiederauswilderung von Tieren verschrieben. Das Programm für ehrenamtliche Helfer dauert vier Wochen. Es ist auch möglich, ein Exemplar seiner Lieblingsspezies für 100 US-Dollar zu »adoptieren«. www.toucanrescueranch.org

Vorherige Seite, von links: Playa Negra an der Küste; Dreifingerfaultier. **Im Uhrzeigersinn von links:** Kurse auf der Rancho Mastatal; Wickelbär und Fischertukan auf der Toucan Rescue Ranch. **Gegenüber:** Blick über den Regenwald bei der Rancho Mastatal.

INSPIRATION UND INFORMATION

📖 **Costa Rica: A Traveler's Literary Companion** herausgegeben von Barbara Ras (1994)

📖 Lonely Planet **Reiseführer Costa Rica**

🎞 **A Bold Peace** (2016) von Matthew Eddy, Michael Dreiling

PRAKTISCHE APP

In der App Costa Rica Birds findet man Verbreitungskarten, Bilder, Vogelstimmen und andere Informationen zu einheimischen Arten.

© RANCHO MASTATAL

Ultimative nachhaltige Reiseerlebnisse

★ **Halten Sie beim Wandern im Parque Nacional Volcán Arenal** und im abgelegenen Parque Nacional Corcovado nach wilden Tieren Ausschau.

★ **Besuchen Sie die familiengeführten Kaffeeplantagen** im zentralen Hochland.

★ **Erkunden Sie mit dem Kanu die Kanäle des Parque Nacional Tortuguero,** wo man auf Kaimane, Flussschildkröten, Faultiere und vieles mehr stößt, ohne sie in ihrem Lebensraum zu stören.

★ **Erfahren Sie mehr über Permakultur und ganzheitliches Leben** bei einem Aufenthalt auf einem der costa-ricanischen Biohöfe, die gleichzeitig als Nachhaltigkeitszentren am Werk sind.

★ **Entdecken Sie, warum Costa Rica berühmt ist fürs Wildwasserrafting,** während Sie über die Stromschnellen des Pacuare, Reventazón, Sarapiquí oder Tenorio düsen.

★ **Perfektionieren Sie Ihren herabschauenden Hund in Nosara,** der Yoga-Hauptstadt des Landes, wo sich die von der Regierung unterstützte Gruppe Sustainable Nosara für Nachhaltigkeit einsetzt.

TOP-TIPP

Die nachhaltigen Tourismusangebote der Insel erkundet man am besten mit dem Mietwagen oder mit dem Bus. Als positiven Nebeneffekt lernt man dabei die öffentlichen Strände und traditionellen Dörfer kennen.

Praktische Hinweise

Sir Seewoosagur Ramgoolam Airport

Es existieren keine Land- oder Seeverbindungen.

Das tropische Klima der Insel verlangt das ganze Jahr über leichte, komfortable Kleidung; für den Besuch von Hindu-Tempeln nehmen Sie sich einen langen Rock, Hose oder einen Sarong mit.

Vermeiden Sie die feuchten Monate in der Hochsaison von Dezember bis Februar und planen Sie lieber einen Besuch in der Zwischensaison im Oktober oder November, wenn die Sicht beim Tauchen ausgezeichnet ist.

$$

Mauritius

Da durch Seefahrer und Kolonisten viele heimische Tierarten ausgerottet und Urwälder durch Zuckerrohrplantagen ersetzt haben, erscheint Mauritius zunächst kaum wie ein Ökohotspot. Doch wer genauer hinschaut, auf den warten tolle naturnahe Abenteuer.

Die Inselnation im Indischen Ozean mag zwar nicht gerade als Erste auf den Nachhaltigkeitszug aufgesprungen sein, doch besser spät als nie. Der Mauritian Standard on Sustainable Tourism wurde 2019 vom Global Sustainable Tourism Council anerkannt, sodass Besucher heute problemlos nachprüfen können, ob ein Tourismusangebot lokalen Standards entspricht.

Dank Mauritius Conscious sind Natur- und Kulturangebote der Insel heute gut zu organisieren. Das erste nachhaltige Reisebüro des Landes wurde 2017 gegründet. Es bietet Reisepakete an, die atemraubende Outdoorabenteuer und Kulturerlebnisse – von Kajakfahrten in den Mangroven zu urbanen Streetfood-Touren – mit Aufenthalten in grünen Ökolodges und Gästehäusern kombinieren.

So erkundet man Mauritius nachhaltig

- ★ Planen Sie einen Ausflug nach Port Louis, einem der am meisten unterschätzten kulinarischen Ziele der Insel, indem Sie mit dem Bus anreisen, dann umgehen Sie den täglichen Stau.
- ★ Nehmen Sie Recycelbares mit nach Hause – nur 6,25 % des lokalen Mülls werden derzeit wiederverwertet.

- ★ Erfrischen Sie sich mit dem Wasser aus dem Hahn.
- ★ Übernachten Sie in lokal geführten Gästehäusern.
- ★ Verzichten Sie auf Attraktionen mit Tieren in Gefangenschaft und die kaum regulierten Delfintouren von Tamarin Bay und halten Sie lieber in Naturparks Ausschau nach Wildtieren.

GRÜNE AUFENTHALTE

★ Das einzige Glamping-Angebot der Insel, Otentic, verfügt über zwei atemberaubende umweltfreundliche Anlagen: Otentic River in Grand River und das eher rustikale Otentic Mountain im Tal von Bambous Virieux. Aus ultranachhaltigen Materialien errichtet, zählen bei beiden die gemeinschaftlich eingenommenen Mahlzeiten aus selbstangebauten organischen Erzeugnissen zu den größten Gaumenfreuden, die man auf Mauritius erleben kann. www.otentic.mu

★ Das reizende Vanilla House befindet sich in einem Minidorf aus Anbietern für die Erzeugnisse der Insel (Restaurant, Boutique, Anbieter für Ökotouren). Ausgezeichnete Basis im Bezirk Black River. www.mauritius-guest-house.com

GEBEN SIE ETWAS ZURÜCK

★ Selbst wenn Sie die Île aux Aigrettes nicht besuchen möchten, denken Sie über eine Spende an die Mauritian Wildlife Foundation nach, die in den Schutz von Wildtieren und in die Aufforstung fließt. www.mauritian-wildlife.org

★ Unterstützen Sie 450 Kinder und ihre Familien mit einer Spende an GlobalGiving. Das Geld geht an eine lokale Organisation, Terrain for Interactive Pedagogy through Arts. www.globalgiving.com

★ Kaufen Sie ein T-Shirt oder spenden Sie online, um die Arbeit der wohltätigen Organisation Reef Conservation Mauritius zu fördern, deren Hauptziel der Schutz und Wiederaufbau der inseleigenen Küsten- und Unterwassergebiete sind. www.reefconservation.mu

© OTENTIC RIVER

© JACQUES DE SPÉVILLE

Vorherige Seite, von links: UNESCO-Weltkulturerbe Le Morne Brabant; Kitesurfen in Le Morne.
Von ganz links: Nachhaltigkeit in Otentic; Mauritiussittich, Mauritian Wildlife Foundation.
Gegenüber: Urwaldhütten in Otentic Mountain.

INSPIRATION UND INFORMATION

Dodo: From Extinction to Icon von Errol Fuller (2002)

Kreolisch kochen: Paradiesische Rezepte von den Inseln des Indischen Ozeans von Selina Periampillai (2019)

Lonely Planet **Reiseführer Mauritius, Réunion & Seychellen**

Lonbraz Kann (2014) von David Constantin

PRAKTISCHE APP

Die neue App Birds of Mauritius der Mauritian Wildlife Foundation ermöglicht es Usern, Mitschnitte und Sichtungen von Vögeln in eine Datenbank hochzuladen.

© OTENTIC MOUNTAIN

Ultimative nachhaltige Reiseerlebnisse

- ★ **Seien Sie für einen Tag Umweltschützer auf der Île aux Aigrette** mit der Mauritian Wildlife Foundation. Die Organisation versucht, eine Reihe von endemischen Tier- und Pflanzenarten vor dem Aussterben zu bewahren, darunter den stark gefährdeten Mauritius-Olivbrillenvogel. www.mauritian-wildlife.org
- ★ **Erfahren Sie mehr über Geschichte und Kultur** auf einer Kulinarik-, Dorf- oder Handarbeitstour mit My Moris. www.mymoris.mu
- ★ **Erwandern Sie die Pfade** im zerklüfteten Südwesten, die durch den Nationalpark Black River Gorges führen.
- ★ **Fahren Sie mit dem E-Bike zum Bergdorf Chamarel** mit seinem spektakulären Wasserfall und den Terres de 7 Couleurs.
- ★ **Mieten Sie ein Kajak,** um die Lagunen zu erkunden, oder buchen Sie eine Kanutour im abgelegenen Norden mit Yemaya Adventures. www.yemayaadventures. Couleurs.
- ★ **Verzichten Sie auf Abenteuer mit Außenbordmotor** und lernen Sie stattdessen Kitesurfen in Le Morne.

TOP-TIPP

Beim Betreten von Geschäften und Betrieben sollte man die Anwesenden grüßen und zunächst ein wenig Smalltalk halten, bevor man schließlich sein Ansinnen kundtut. Wer dies nicht beherzigt, gilt als unverschämt.

Praktische Hinweise

Douglas–Charles; Canfield

Fähren verbinden Dominica mit Guadeloupe (2 Std.), Martinique (2 Std.) und St. Lucia (4 Std.).

Nehmen Sie wasserdichte Taschen mit, damit Ihre Wertgegenstände bei einem Bootsausflug und Wanderungen trocken bleiben. Ein Wasserfiltersystem ist ebenfalls praktisch, da sauberes Wasser Mangelware ist.

Die trockensten Monate der Insel (Februar bis Juni) sind die beliebteste Reisezeit, doch die Zwischensaison von November bis Januar eignet sich gleichfalls für einen Besuch. Planen Sie Ihren Aufenthalt für die Woche vor dem Unabhängigkeitstag (3. November) und lernen Sie die farbenfrohen Feierlichkeiten und örtliche Kultur kennen.

$$$

Dominica

Diese Insel würde Kolumbus bei einer Rückkehr in die Karibik wohl noch heute wiedererkennen. Die Naturinsel lockt mit einem kochenden See, waldreichen Vulkanen, heißen Quellen, erstklassigen Tauchstellen und dem ersten Fernwanderweg der Region.

Die englischsprachige Ex-Kolonie Großbritanniens liegt zwischen Guadeloupe und Martinique. Hier gibt es weder einen großen Kreuzfahrthafen noch einen Flughafen, der wenigstens Mittelstreckenflüge abwickeln könnte – bisher. So hat sich das natürliche und kulturelle Erbe der Insel – Dominica ist Heimat der letzten präkolumbianischen Bevölkerung der Karibik, den Kariben – besser bewahrt als anderswo in den Kleinen Antillen. Da sich das winzige Land nach wie vor von den verheerenden Auswirkungen von Hurrikan Maria im Jahr 2017 erholt, der 90 % der Infrastruktur zerstört hat, ist Dominica noch viel mehr auf Touristendollars angewiesen als andere Karibiknationen.

So erkundet man Dominica nachhaltig

★ Übernachten Sie in von Einheimischen betriebenen Unterkünften statt in großen internationalen Hotels, die begonnen haben, die Insel für den Tourismus zu erschließen.

★ Besichtigen Sie auch den Ort Ihrer Zwischenlandung. Typischerweise erreicht man die Insel über Antigua, Barbados, Guadeloupe, Martinique, Puerto Rico, St-Martin / Sint Maarten und St. Lucia.

★ Mit dem Auto ist die Insel schnell erkundet, doch erwägen Sie, lokale Busse zu nutzen, die überall entlang der Strecke anhalten.

★ Konsumieren Sie vor Ort angebaute Erzeugnisse, um die Bauern zu unterstützen.

★ Helfen Sie mit, Einwegplastik auszumerzen; Plastiktüten wurden verboten.

GRÜNE AUFENTHALTE

- Das intime Luxus-Ökoresort Secret Bay wurde hoch über dem Meer bei Portsmouth und ohne die Verwendung schwerer Maschinen errichtet. Das Feinschmeckerrestaurant verarbeitet einheimische, auf dem Gelände gezogene Kräuter. Wer mag, kann sogar versuchen, den invasiven Feuerfisch fürs Abendessen mit Speeren zu erlegen. www.secretbay.dm
- Die hübschen, handgebauten Holzlauben von Manicou River bei Portsmouth haben Meerblick und sind komplett unabhängig von der Wasser- und Stromversorgung. www.manicouriver.com
- Das Cocoa Cottage liegt im Urwald. Zimmerdeko mit lokalem Kunsthandwerk, köstliche organische Mahlzeiten. www.cocoacottages.com

GEBEN SIE ETWAS ZURÜCK

- Überweisen Sie eine Spende an den Dominica Hurricane Maria Relief Fund, ein Aufruf des Hochkommissariats in Dominica, um Gelder für das Notwendigste zu sammeln, von Baumaterialien bis zu Arzneimitteln. www.dominicarelief.org
- Die britische Wohlfahrtsorganisation DominicaFirst, die ebenfalls Spenden willkommen heißt, ist bestrebt, das Leid durch Naturkatastrophen zu mindern. In Großbritannien gibt es die Möglichkeit, ehrenamtlich mitzuwirken (auf der Webseite finden Sie die gesuchten Expertisen) oder sich aktiv an Spendenveranstaltungen zu beteiligen. www.dominicafirst.com

© WESTEND61 / GETTYIMAGES

© WESTEND61 / GETTYIMAGES

Vorherige Seite, von links: Secret Bay von oben; Restaurant im Secret Bay-Resort. Von links: Kathedrale Our Lady of Fair Haven in Roseau; tauchende Buckelwale. **Gegenüber:** Zimmer mitten im Regenwald im Cocoa Cottage.

INSPIRATION UND INFORMATION

Uncivilized (2020) von Michael Lees

The Dominica Story von Lennox Honychurch (1995)

Das Orchideenhaus von Phyllis Shand Allfrey (1953)

Lonely Planet **Reiseführer Caribbean Islands**

© SECRET BAY

PRAKTISCHE APP

Die von der Tourismusbehörde 2018 gestartete App Explore Dominica bietet umfassende Informationen zu Inselaktivitäten, Tipps für lokale Gerichte und vieles mehr.

Ultimative nachhaltige Reiseerlebnisse

- **Erkunden Sie die Wanderstrecken** mit dem kostenlosen Trail Hiker's Log Book and Passport – vom 14-Etappen Waitukubuli national Trail (einziger Fernwanderweg in der Karibik) bis zur berühmten Tageswanderung zum Boiling Lake.
- **Erleben Sie hautnah die uralten Traditionen der Kalinago** im Kulturdorf Kalinago Barana Autê an der Ostküste. www.kalinagoterritory.com/attractions/the-kalinago-barana-aute
- **Besuchen Sie die Wasserfälle,** allen voran die Middleham-Fälle, die höchsten der Insel, sowie die Doppelfälle Trafalgar Falls, unter denen man wunderbar schwimmen kann.
- **Finden Sie heraus,** warum Dominica zu den besten Tauchorten der Karibik zählt.
- **Relaxen Sie mit einem Rum-Punch in der Hand** – natürlich ohne Plastikstrohhalm – am Batibou Beach.
- **Entspannen Sie in den heißen Schwefelquellen** inmitten atemberaubender, saftig grüner Landschaften im Dorf Wotten Waven.

NACH DER REISE

Nehmen Sie aktiv Einfluss

VERGESSEN SIE NICHT ZU SCHREIBEN

Haben Sie einem lokalen Führer oder einem Einheimischen Ihr Wort gegeben, zu schreiben oder ihm ein paar Fotos oder Waren zu schicken, sobald Sie wieder zu Hause sind? Halten Sie sich an Ihr Versprechen!

Nachhaltigkeit beim Reisen endet nicht, sobald Sie zu Hause wieder die Koffer abstellen. Kleine Aktionen schaffen die Grundlage für neue Abenteuer und können andere inspirieren.

REDEN SIE DARÜBER

Da braucht es wohl keine großen Überredungskünste. Doch wenn Sie Freunde und Familie mit Geschichten von Ihrer Reise beglücken, betonen Sie vor allem die nachhaltigen Erlebnisse und erklären Sie, was diese so einzigartig gemacht hat. Indem Sie über nachhaltiges Reisen sprechen, insbesondere mit Freunden, die noch nicht viel über das Thema wissen, können Sie andere dazu anregen, ebenfalls nachhaltigere Reiseentscheidungen zu treffen.

POSTEN SIE DARÜBER

Da die meisten User Online-Reviews mindestens genauso viel Vertrauen entgegenbringen wie Empfehlungen von Freunden, können Reiseinhalte, die Sie posten, eine enorme Wirkung haben. Überlegen Sie genau, was Sie teilen möchten und auf welche Weise.

SCHENKEN SIE SINNVOLL

Wahrscheinlich ist der Kühlschrank Ihrer Freunde bereits mit Magneten zugepflastert. Bringen Sie nachhaltige Geschenke mit und erzählen Sie die Geschichte dahinter. So können Sie lokal gefertigtem Kunsthandwerk und anderen Produkten mehr Bedeutung verleihen.

© SUN_SHINE / SHUTTERSTOCK

SCHREIBEN SIE EINEN REVIEW

Gab es auf der Reise ein erstklassiges nachhaltiges Erlebnis, von dem auch andere erfahren sollen? Mit einem Review in einem Onlineforum können Sie Reisende dazu bewegen, den Anbieter oder Betrieb ebenfalls zu unterstützen. Auf die gleiche Weise kann man konstruktives Feedback hinterlassen, wo Ihrer Ansicht nach die Bemühungen verbessert werden können, entweder, um andere zu warnen oder um das Unternehmen dazu zu bringen, seine Prozesse zu überdenken.

ARBEITEN SIE AN IHRER NACHHALTIGKEIT

Wer zusätzliche nachhaltige Praktiken in seinen Alltag einbaut – zum Beispiel ein Verzicht auf Einwegplastik im Haushalt oder häufigeres Umsteigen auf öffentliche Verkehrsmittel – schult sich nicht nur darin, auch unterwegs nachhaltige Entscheidungen zu fällen, er kann zudem den erwarteten CO_2-Ausstoß zukünftiger Reisen ausgleichen.

AUSRÜSTUNG GUT VERWAHREN

Wer seine Reiseausrüstung pflegt, kann sich jahrelang daran erfreuen. Wenn Sie wieder zu Hause sind, reinigen und reparieren Sie Ihre Ausrüstung und bewahren Sie sie an einem sicheren Ort auf. Entfernen Sie Batterien, sodass diese nicht auslaufen können, und vergessen Sie nicht, Reisekleidung und Schuhe hin und wieder auszulüften und die Schnorchelausrüstung gelegentlich auszuspülen.

DIE MACHT DES FEEDBACKS

Möglicherweise war Ihr Hotel weniger umweltbewusst als angegeben. Oder Sie waren mit einem wenig nachhaltigen Anbieter unterwegs. Nur wenn Sie Ihre Bedenken direkt dem Manager mitteilen, zum Beispiel per E-Mail nach Ihrer Rückkehr, können Sie zu Veränderungen anregen. Tourismusunternehmen, die nicht so verantwortungsbewusst handeln, wie sie könnten, verspüren ohne Druck von Reisenden wenig Anreiz, an ihren Prozessen zu feilen.

Bei größeren Problemen, zum Beispiel bei dem Verdacht, dass ein sogenanntes Schutzgebiet in illegalen Handel mit wilden Tieren verstrickt ist, oder falls Sie vermuten, dass ein Anbieter seine Angestellten ausnutzt, wenden Sie sich lieber direkt an eine Tierschutzorganisation oder an die zuständige Behörde, beispielsweise das Tourismusamt.

INDEX

S

T

U

V

W

Z

© 2020, published by Lonely Planet Global Limited
Die Originalausgabe mit dem Titel »The Sustainable Travel Handbook« ist im November 2020 im Verlag Lonely Planet Global Limited erschienen.

Fotos: © wie angegeben 2020
Cover: Gestaltung © Muti / Folio Art
Art Director: Daniel Di Paolo

Deutsche Ausgabe © 2021 **Bruckmann Verlag GmbH**
Infanteriestraße 11a
80797 München

Verantwortlich: Carola Holzer
Übersetzung aus dem Englischen: Silke Elzner
Satz: Franziska Bauer
Korrektorat: Anne Tempcke
Redaktion: Mareike Weber
Umschlagadaption: Nina Andritzky
Herstellung: Alexander Knoll
Printed in Slovenia
ISBN: 978-3-7343-2075-0

Die Deutsche Nationalbibliothek verzeichnet diese Publikation in der Deutschen Nationalbibliografie; detaillierte bibliografische Daten sind im Internet über http://dnb.d-nb.de abrufbar.